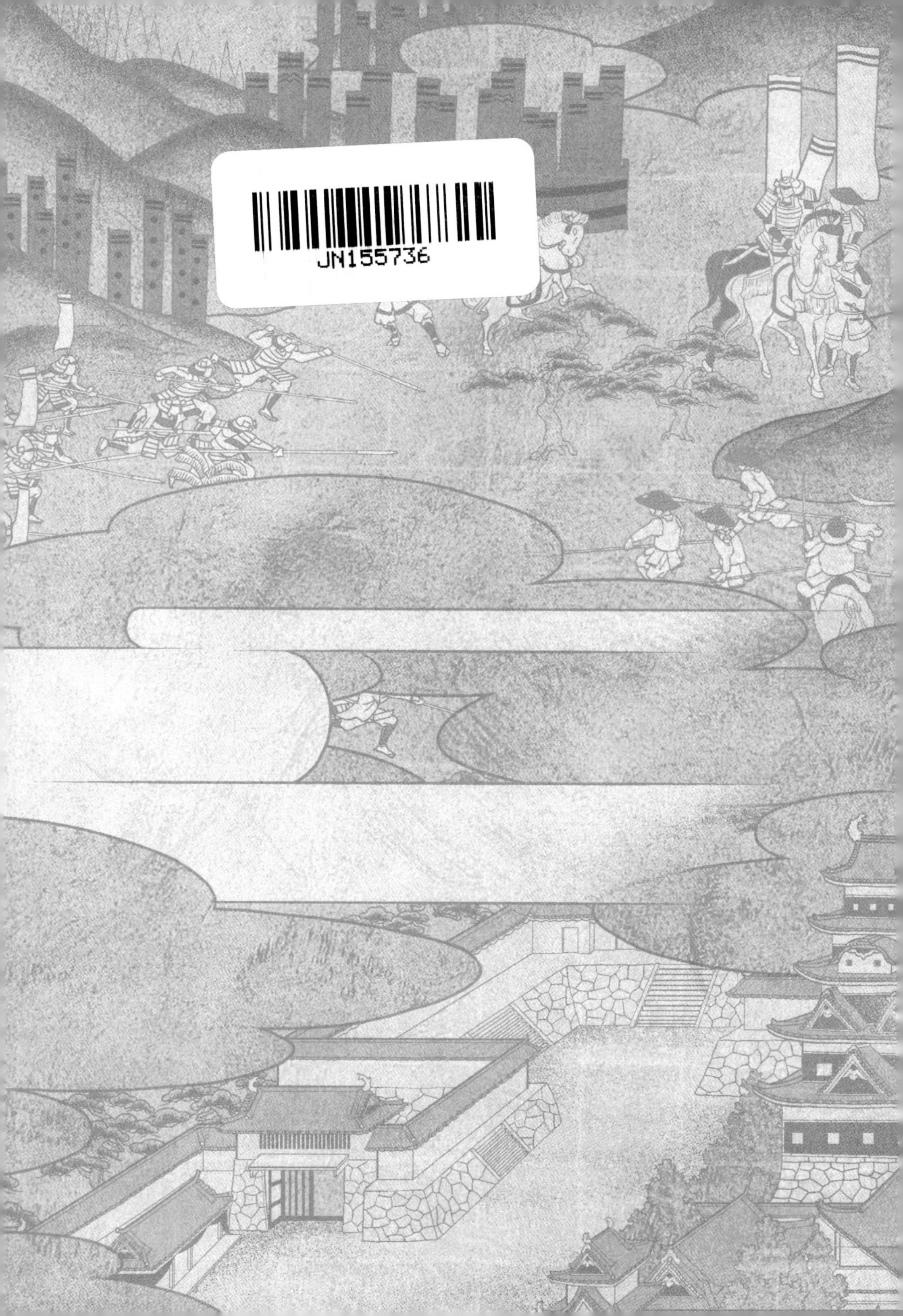

コミック版 日本の歴史52

《おもな登場人物《とうじょうじんぶつ》》

浅井長政《あざいながまさ》

淀殿《よどどの》の父《ちち》。北近江《きたおうみ》を治《おさ》めた戦国大名《せんごくだいみょう》。織田信長《おだのぶなが》と同盟関係《どうめいかんけい》にあったが、越前《えちぜん》の朝倉氏《あさくらし》との同盟関係《どうめいかんけい》を重視《じゅうし》して、信長《のぶなが》に叛旗《はんき》を翻《ひるがえ》す。

淀殿《よどどの》

浅井長政《あざいながまさ》とお市《いち》の長女《ちょうじょ》。幼名《ようみょう》は茶々《ちゃちゃ》。織田信長《おだのぶなが》の浅井氏征討《あざいしせいとう》により落城《らくじょう》にあう。母《はは》・お市《いち》の再婚《さいこん》で柴田勝家《しばたかついえ》のもとへ行《い》くが、再《ふたた》び落城《らくじょう》にあい、羽柴秀吉《はしばひでよし》に保護《ほご》される。母《はは》から浅井復興《あざいふっこう》を託《たく》されながらも、やがて秀吉《ひでよし》の妻《つま》となり、秀頼《ひでより》を儲《もう》ける。秀吉《ひでよし》亡《な》きあと天下《てんか》を狙《ねら》う徳川家康《とくがわいえやす》と対立《たいりつ》する。

お市《いち》

淀殿《よどどの》の母《はは》。兄《あに》・信長《のぶなが》のために、浅井長政《あざいながまさ》のもとへ嫁《とつ》ぐ。夫《おっと》と兄《あに》の対立《たいりつ》により板挟《いたばさ》みとなる。長政《ながまさ》の死後《しご》、柴田勝家《しばたかついえ》と再婚《さいこん》する。

万福丸《まんぷくまる》

淀殿《よどどの》の異母兄《いぼけい》。浅井家《あざいけ》の嫡男《ちゃくなん》。織田信長《おだのぶなが》の浅井氏征討《あざいしせいとう》により処刑《しょけい》される。

柴田勝家《しばたかついえ》

織田家筆頭家老《おだけひっとうがろう》として信長《のぶなが》に仕《つか》える。長政《ながまさ》の死後《しご》、お市《いち》と結婚《けっこん》する。信長《のぶなが》の死後《しご》、秀吉《ひでよし》と対立《たいりつ》するが、賤ヶ岳《しずがたけ》の戦《たたか》いで敗《やぶ》れた。

初《はつ》

淀殿《よどどの》の妹《いもうと》。浅井長政《あざいながまさ》とお市《いち》の次女《じじょ》。近江国出身《おうみのくにしゅっしん》の武将《ぶしょう》・京極高次《きょうごくたかつぐ》の妻《つま》となる。

江《ごう》

淀殿《よどどの》の妹《いもうと》。浅井長政《あざいながまさ》とお市《いち》の三女《さんじょ》。二度《にど》の離縁《りえん》ののち、徳川家康《とくがわいえやす》の子《こ》・秀忠《ひでただ》の妻《つま》となる。

織田信長《おだのぶなが》

尾張国《おわりのくに》から天下《てんか》をめざした戦国大名《せんごくだいみょう》。お市《いち》の兄《あに》。同盟《どうめい》を破《やぶ》った浅井氏《あざいし》を滅《ほろ》ぼす。のちに本能寺《ほんのうじ》の変《へん》で家臣《かしん》の明智光秀《あけちみつひで》に裏《うら》切《ぎ》られる。

羽柴《はしば》(豊臣《とよとみ》)秀吉《ひでよし》

織田信長《おだのぶなが》の重臣《じゅうしん》。信長《のぶなが》の死後《しご》、各地《かくち》の大名《だいみょう》を制圧《せいあつ》し、天下《てんか》を統一《とういつ》した。お市《いち》と勝家《かついえ》の死《し》後《ご》、淀殿《よどどの》ら三姉妹《しまい》の身《み》柄《がら》を引《ひ》き受《う》け、後見人《こうけんにん》となる。淀殿《よどどの》との間《あいだ》に儲《もう》けた跡取《あとと》り・秀頼《ひでより》を家康《いえやす》に託《たく》して亡《な》くなる。

石田三成《いしだみつなり》

豊臣秀吉《とよとみひでよし》の家臣《かしん》。秀《ひで》吉《よし》の死後《しご》、秀頼《ひでより》をないがしろにする家康《いえやす》を倒《たお》すために挙兵《きょへい》し、関ヶ原《せきがはら》の合戦《かっせん》に臨《のぞ》む。

豊臣秀頼《とよとみひでより》

淀殿《よどどの》と豊臣秀吉《とよとみひでよし》の次《じ》男《なん》。豊臣家《とよとみけ》の跡取《あとと》りとして育《そだ》てられるが、秀《ひで》吉《よし》の死後《しご》、政治《せいじ》の実権《じっけん》を徳川家康《とくがわいえやす》にうばわれる。

徳川家康《とくがわいえやす》

三河国出身《みかわのくにしゅっしん》の戦国大《せんごくだい》名《みょう》。豊臣政権《とよとみせいけん》では五《ご》大老《たいろう》の筆頭《ひっとう》。秀吉《ひでよし》の死後《しご》、天下《てんか》を狙《ねら》い、東軍《とうぐん》を率《ひき》いて関ヶ原《せきがはら》の合戦《かっせん》で石田三成《いしだみつなり》らと戦《たたか》う。その後、大《おお》坂《さか》の陣《じん》で豊臣家《とよとみけ》を滅《めつ》亡《ぼう》へ追《お》いこむ。

真田幸村《さなだゆきむら》

秀吉《ひでよし》に仕《つか》えた戦国大《せんごくだい》名《みょう》・真田昌幸《さなだまさゆき》の次男《じなん》。武勇《ぶゆう》で知《し》られるが、関ヶ原《せきがはら》の合戦《かっせん》に敗《やぶ》れ、高野山《こうやさん》に流《なが》される。大坂《おおさか》の陣《じん》が起《お》こると豊臣方《とよとみがた》に加勢《かせい》する。

コミック版《ばん》 日本《にほん》の歴史《れきし》52
戦国人物伝《せんごくじんぶつでん》
淀殿《よどどの》

もくじ

※この作品《さくひん》は、歴史文献《れきしぶんけん》をもとにまんがとして再構成《さいこうせい》したものです。
※ 本編《ほんぺん》では、人物《じんぶつ》の年齢表記《ねんれいひょうき》はすべて数《かぞ》え年《どし》とします。
※ 本編《ほんぺん》では、人物《じんぶつ》の幼名《ようみょう》など、名前《なまえ》を一部省略《いちぶしょうりゃく》しております。

浅井《あざい》…近江国《おうみのくに》（現在《げんざい》の滋賀県《しがけん》）の北半分《きたはんぶん》を領地《りょうち》とする戦国大名《せんごくだいみょう》・浅井家《あざいけ》。

小谷城《おだにじょう》…現在《げんざい》の滋賀県長浜市《しがけんながはまし》にあった城《しろ》。

織田信長《おだのぶなが》…尾張国《おわりのくに》（現在《げんざい》の愛知県西部《あいちけんせいぶ》）の戦国大名《せんごくだいみょう》。

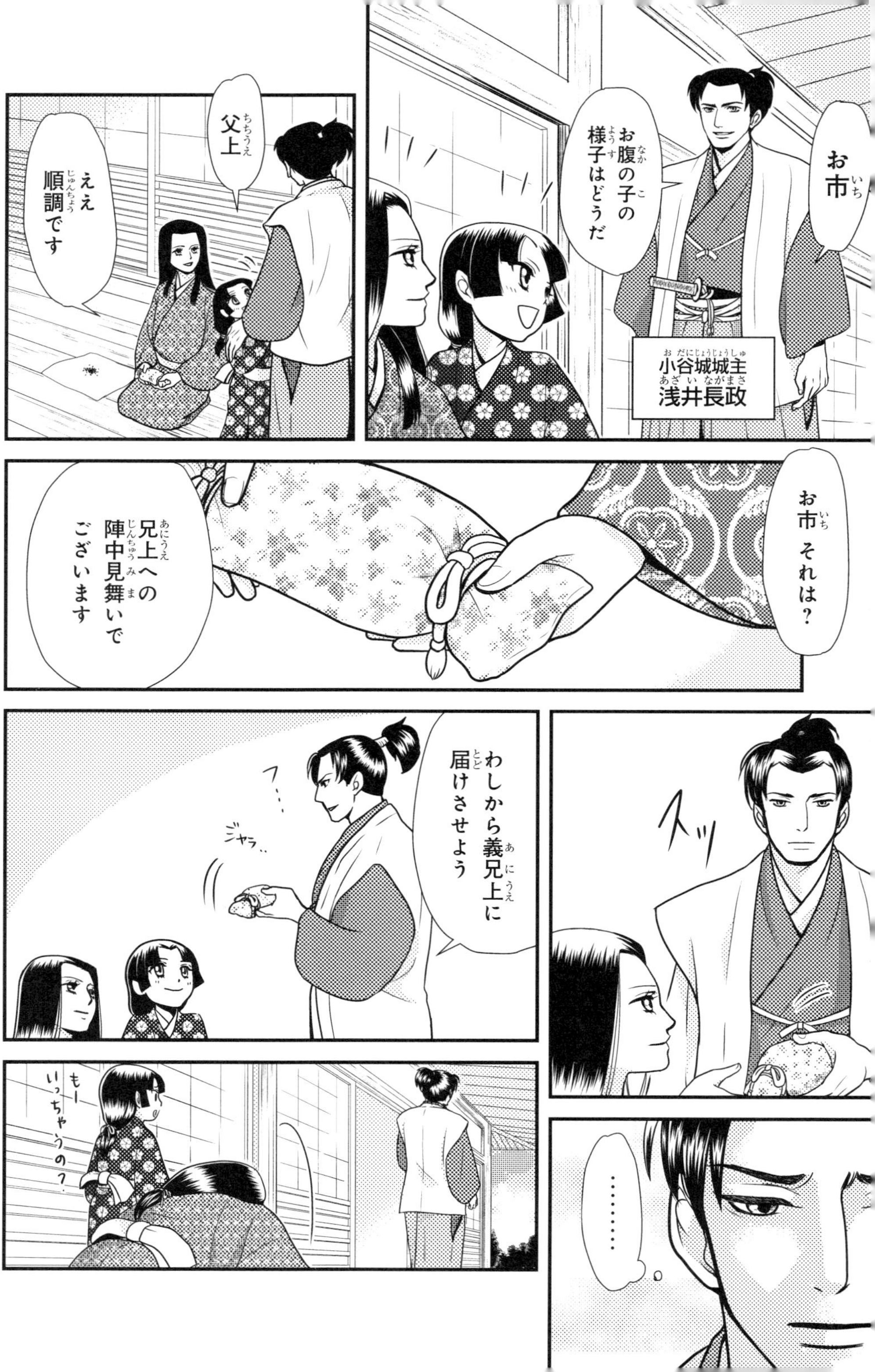
お市《いち》
お腹《なか》の子《こ》の様子《ようす》はどうだ
小谷城城主《おだにじょうじょうしゅ》
浅井長政《あざいながまさ》
父上《ちちうえ》
ええ順調《じゅんちょう》です
お市《いち》それは？
兄上《あにうえ》への陣中見舞《じんちゅうみま》いでございます
スッ
わしから義兄上《あにうえ》に届《とど》けさせよう
フ…
ジャラ…
………
もーいっちゃうの？

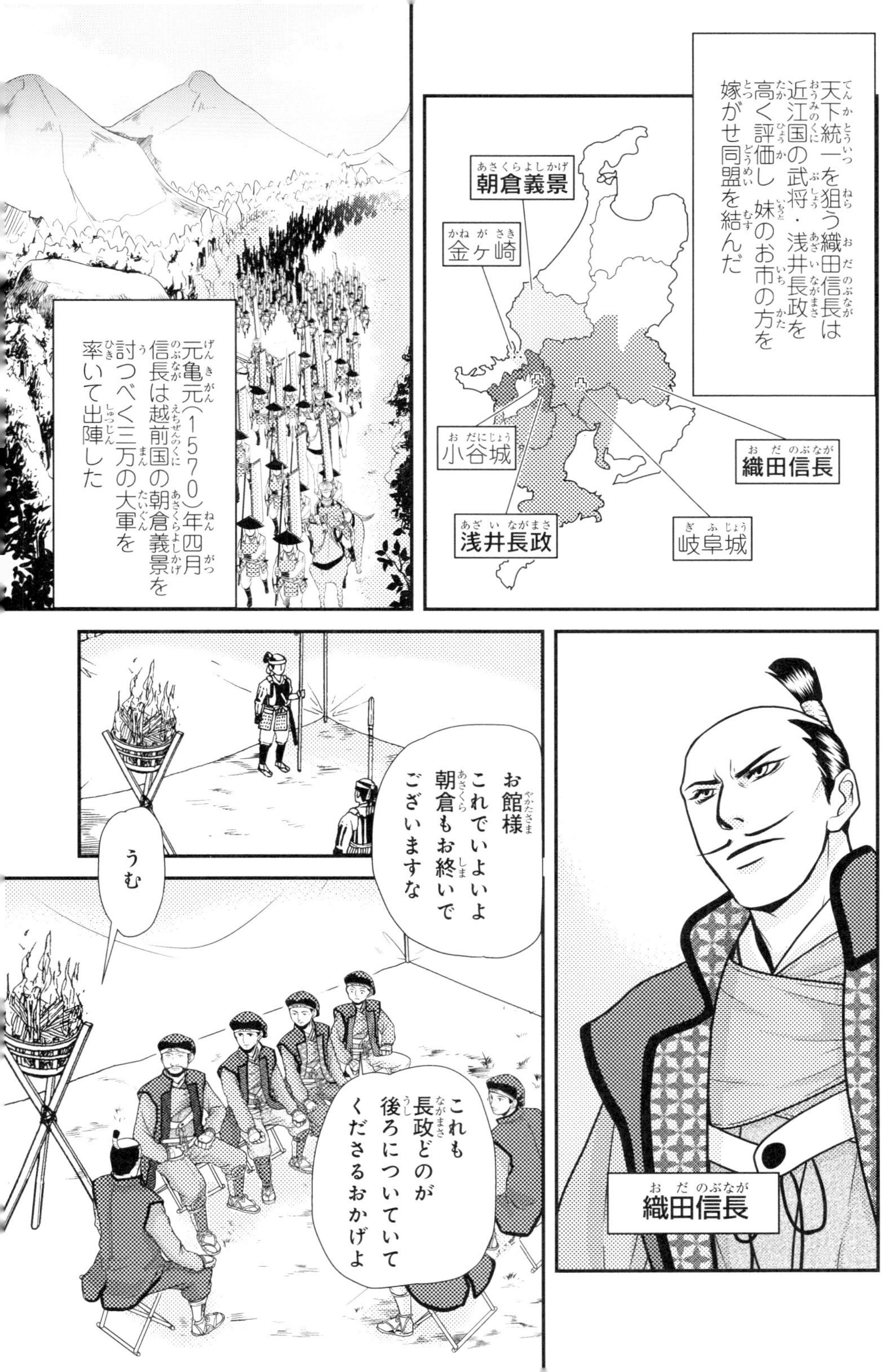

天下《てんか》統一《とういつ》を狙《ねら》う織田信長《おだのぶなが》は
近江国《おうみのくに》の武将《ぶしょう》・浅井長政《あざいながまさ》を
高《たか》く評価《ひょうか》し 妹《いもうと》のお市《いち》の方《かた》を
嫁《とつ》がせ同盟《どうめい》を結《むす》んだ
朝倉義景《あさくらよしかげ》
金ケ崎《かねがさき》
小谷城《おだにじょう》
浅井長政《あざいながまさ》
岐阜城《ぎふじょう》
織田信長《おだのぶなが》
元亀《げんき》元《がん》(1570)年《ねん》四月《がつ》
信長《のぶなが》は越前国《えちぜんのくに》の朝倉義景《あさくらよしかげ》を
討《う》つべく三万《まん》の大軍《たいぐん》を
率《ひき》いて出陣《しゅつじん》した
織田信長《おだのぶなが》
お館様《やかたさま》 これでいよいよ朝倉《あさくら》もお終《しま》いでございますな
うむ
これも長政《ながまさ》どのが後《うし》ろについていてくださるおかげよ

越前国《えちぜんのくに》…現在《げんざい》の福井県北部《ふくいけんほくぶ》。

お館様《やかたさま》…身分《みぶん》の高《たか》い人《ひと》の呼《よ》び名《な》。ここでは織田信長《おだのぶなが》のこと。

朝倉《あさくら》…越前国《えちぜんのくに》を領地《りょうち》とする戦国大名《せんごくだいみょう》。

ジャリ…
ワァア…
撤退《てったい》だぁっ
お市《いち》……
わしに情《なさ》けを
かけるか……
小谷城《おだにじょう》
父上《ちちうえ》
カッコ
イイ…
では
行《い》ってくる
ご武運《ぶうん》を
お祈《いの》りして
おります

浅井《あざい》と朝倉《あさくら》に挟《はさ》まれた織田軍《おだぐん》は壊滅《かいめつ》の危機《きき》に陥《おちい》るが秀吉《ひでよし》の奮戦《ふんせん》もあり
ドカッ
ドカッ
おのれ長政《ながまさ》――!!
信長《のぶなが》はなんとか京《きょう》へ逃《に》げ延《の》びる
そののち姉川《あねがわ》の戦《たたか》いで浅井《あざい》・朝倉連合軍《あさくられんごうぐん》を打《う》ち破《やぶ》ると
ワァァ!!
天正元《てんしょうがん》(1573)年《ねん》八月《がつ》には大軍《たいぐん》で朝倉《あさくら》を滅《ほろ》ぼし長政《ながまさ》の籠《こも》る小谷城《おだにじょう》に迫《せま》った

小谷城《おだにじょう》
キャハハ・・・
兄上《あにうえ》 待《ま》って！
キャア
キャア
ねえ兄上《あにうえ》
織田《おだ》の軍勢《ぐんぜい》が迫《せま》っているのに兄上《あにうえ》は怖《こわ》くないの？
ああ父上《ちちうえ》が負《ま》けるわけがない
万福丸《まんぷくまる》

万福丸《まんぷくまる》
はい！
タタ…
姉上《あねうえ》
戦《いくさ》が始《はじ》まったら
私《わたし》たちどうなるの？
ギュッ
大丈夫《だいじょうぶ》よ
兄上《あにうえ》も
言《い》ってたでしょ
グ！
初《はつ》も　もうすぐ
お姉《ねえ》さんなんだから
しっかりしなきゃ
はい！
私《わたし》も妹《いもうと》を
守《まも》れるくらい強《つよ》く
ならなくっちゃ

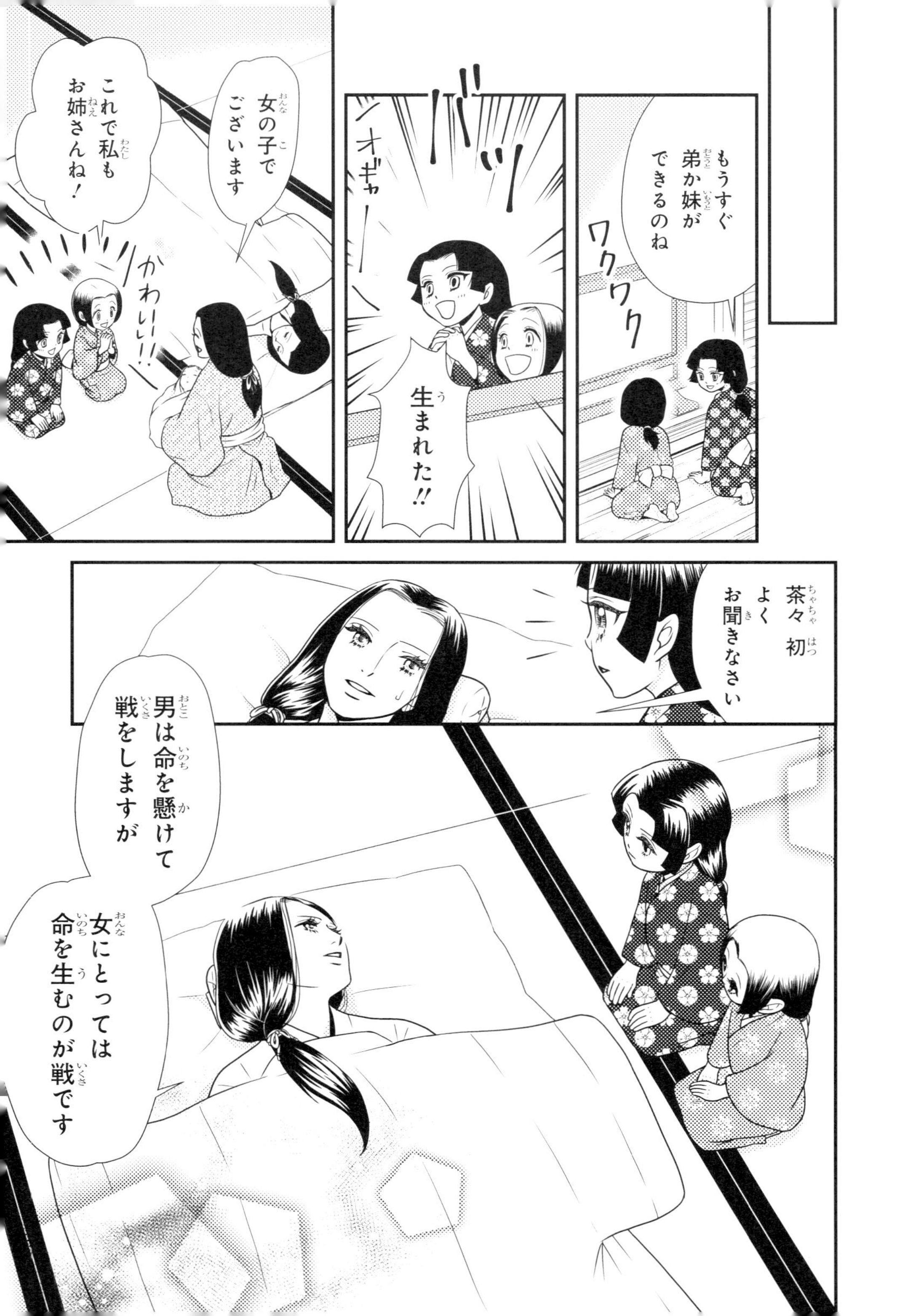
もうすぐ弟《おとうと》か妹《いもうと》ができるのね
ワクワク
オギャー
バッ
生《う》まれた!!
女《おんな》の子《こ》でございます
これで私《わたし》もお姉《ねえ》さんね!
かわいい!!
茶々《ちゃちゃ》 初《はつ》 よくお聞《き》きなさい
男《おとこ》は命《いのち》を懸《か》けて戦《いくさ》をしますが
女《おんな》にとっては命《いのち》を生《う》むのが戦《いくさ》です

お前《まえ》たちも
よい戦《いくさ》をするのですよ
はい!!
わあぁん
織田軍《おだぐん》に囲《かこ》まれてはおるが
今宵《こよい》は娘《むすめ》のお披露目《ひろめ》じゃ大《おお》いに飲《の》もうぞ
おお…
ハハハ…
江《ごう》と名付《なづ》けられた赤《あか》ん坊《ぼう》の誕生《たんじょう》により城《しろ》の空気《くうき》は一変《いっぺん》した
しかし……

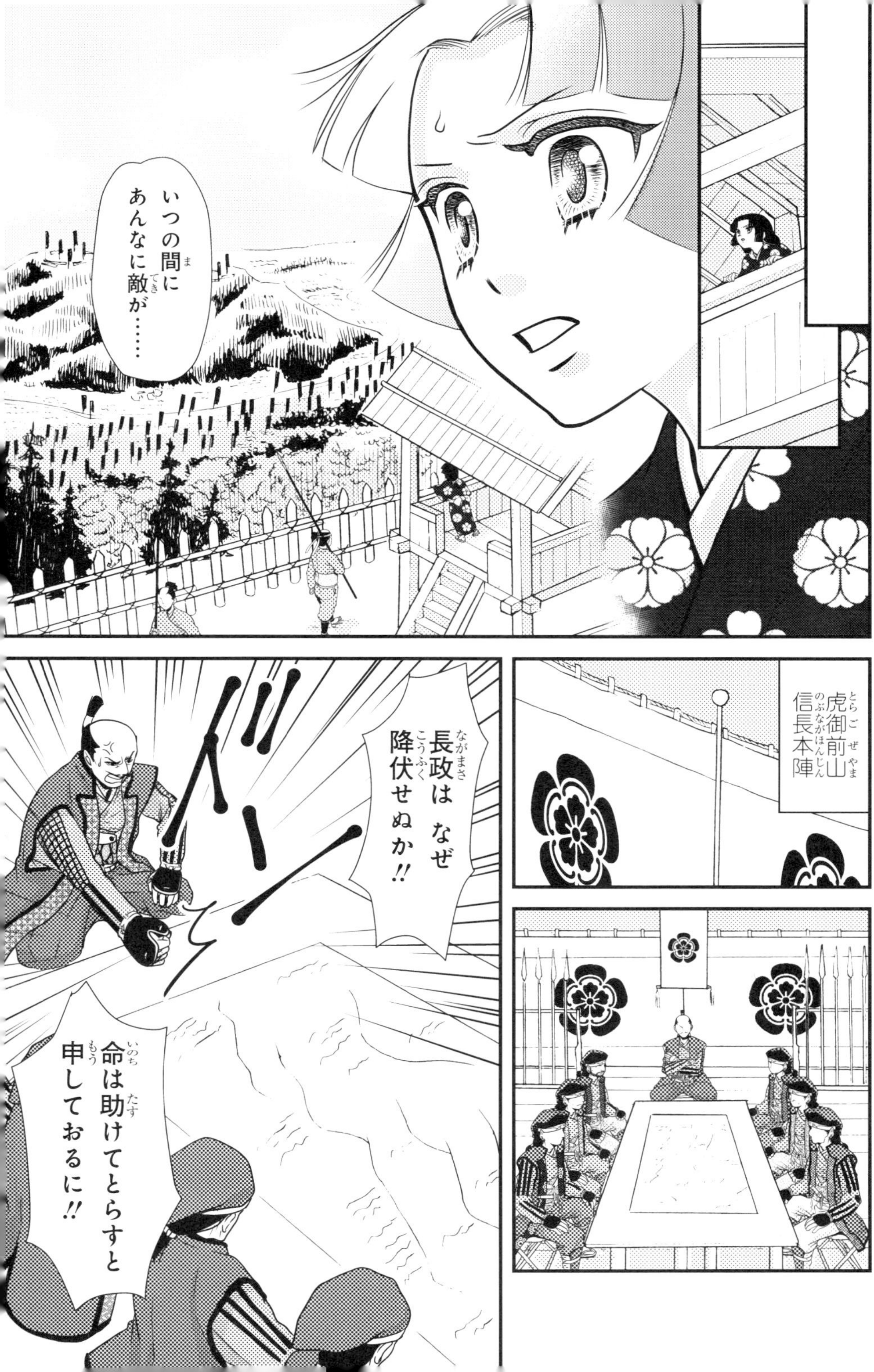

虎《とら》御《ご》前《ぜ》山《やま》…現在《げんざい》の滋賀県《しがけん》長浜市《ながはまし》中野町《なかのちょう》にある山《やま》。

……
せめて お市様《いちさま》や お子《こ》だけでも……
ならば 父《ちち》と子《こ》を 分断《ぶんだん》いたしましょう
竹中半兵衛《たけなかはんべえ》
長政《ながまさ》どのが 降伏《こうふく》せぬのは 父上《ちちうえ》・久政《ひさまさ》どのに 遠慮《えんりょ》されてのこと
久政《ひさまさ》どのを 討《う》ってしまえば もはや戦《たたか》う理由《りゆう》は ございますまい
長政《ながまさ》どののいる本丸《ほんまる》と 久政《ひさまさ》どのの小丸《こまる》の間《あいだ》にある 京極丸《きょうごくまる》を押《お》さえれば お二人《ふたり》を 分断《ぶんだん》できます
よし！ サル 京極丸《きょうごくまる》を 押《お》さえよ!!
御意《ぎょい》!!

本丸《ほんまる》…城《しろ》の中心部《ちゅうしんぶ》にあり、城主《じょうしゅ》の住《す》まいを置《お》く場所《ばしょ》。

小丸《こまる》…小谷城内《おだにじょうない》にある場所《ばしょ》。

京極丸《きょうごくまる》…小谷城城内《おだにじょうじょうない》にある、旧領主《きゅうりょうしゅ》・京極氏《きょうごくし》の屋敷《やしき》があったとされる場所《ばしょ》。

ゴオォォォォ…
京極丸《きょうごくまる》を占拠《せんきょ》され
長政《ながまさ》との連絡《れんらく》を
断《た》たれた久政《ひさまさ》は
小谷城《おだにじょう》 小丸《こまる》
織田軍《おだぐん》の猛攻《もうこう》の
前《まえ》に自刃《じじん》する
小谷城《おだにじょう》
本丸《ほんまる》
父様《とうさま》……。
クルッ
万福丸《まんぷくまる》
はい

スッ
そちは落《お》ち延《の》びて
いつか浅井家《あざいけ》を
復活《ふっかつ》させよ
は！
市《いち》 そなたは
娘《むすめ》たちを連《つ》れて
信長《のぶなが》どのの
もとへ行《ゆ》け
……娘《むすめ》たちは
兄《あに》に渡《わた》しましょう
私《わたし》は殿《との》と
ともに死《し》にます
娘《むすめ》たちを
育《そだ》てあげ
浅井《あざい》の血《ち》を遺《のこ》すのが
そなたの
これからの戦《いくさ》ぞ

………
承知《しょうち》いたしました
茶々《ちゃちゃ》 これを
お前《まえ》に預《あず》ける
え!?
父上《ちちうえ》からの
大切《たいせつ》な
預《あず》かりものだが
私《わたし》は無事《ぶじ》に
落《お》ち延《の》びられるか
わからぬ
兄上《あにうえ》……
案《あん》ずるな
必《かなら》ず取《と》りに行《い》くよ
はい!

羽柴秀吉《はしばひでよし》…織田信長《おだのぶなが》の重臣《じゅうしん》。

お市様《いちさま》！
ギュッ…
預《あず》かりもの確《たし》かに返《かえ》し申《もう》した 義兄上《あにうえ》にはそう伝《つた》えられよ
間違《まちが》いなくお伝《つた》えいたします
虎御前山《とらごぜやま》 信長本陣《のぶながほんじん》
お館様《やかたさま》 お市様《いちさま》と姪御様方《ひめごさまがた》をお連《つ》れしました
長政《ながまさ》はなんと？
『預《あず》かりもの確《たし》かに返《かえ》し申《もう》した』と……

……
であるか……
伯父上様《おじうえさま》!
タタ…
………
どうか父上《ちちうえ》を殺《ころ》さないで!!
あ…
っ

信包《のぶかね》…織田信包《おだのぶかね》。信長《のぶなが》の弟《おとうと》。

自刃《じじん》…刃物《はもの》で自分《じぶん》の命《いのち》を絶《た》つこと。

第《だい》二章《しょう》　二度目《どめ》の落城《らくじょう》

天正十《てんしょう》（1582）年《ねん》
六月二日《がつふつか》　信長《のぶなが》は
明智光秀《あけちみつひで》に裏切《うらぎ》られ
本能寺《ほんのうじ》で最期《さいご》を遂《と》げた
伊勢国《いせのくに》で市《いち》と三姉妹《しまい》を
保護《ほご》していた信包《のぶかね》は
彼女《かのじょ》らとともに
清洲城《きよすじょう》に急《いそ》いだ
茶々《ちゃちゃ》たちが
清洲城《きよすじょう》に着《つ》いた時《とき》には
すでに秀吉《ひでよし》が光秀《みつひで》を
討《う》ったあとで
織田家《おだけ》の重臣《じゅうしん》が集《あつ》まり
誰《だれ》が織田家《おだけ》を継《つ》ぐかを
めぐって揉《も》めていた
清洲城《きよすじょう》
信孝《のぶたか》どの　勝家《かついえ》どの　私《わたし》に頼《たの》みとは　何《なに》ごとですか
この勝家《かついえ》と　夫婦《めおと》になってやって　いただきたいのです
織田家筆頭家老《おだけひっとうがろう》
柴田勝家《しばたかついえ》
え！

明智光秀《あけちみつひで》…信長《のぶなが》の臣下《しんか》の武将《ぶしょう》。
伊勢国《いせのくに》…現在《げんざい》の三重県《みえけん》の大半《たいはん》。
本能寺《ほんのうじ》…現在《げんざい》の京都府京都市中京区《きょうとふきょうとしなかぎょうく》にあった寺《てら》。
清洲城《きよすじょう》…現在《げんざい》の愛知県清須市《あいちけんきよすし》にあった城《しろ》。
信孝《のぶたか》…織田信孝《おだのぶたか》。信長《のぶなが》の三男《なん》。

権六《ごんろく》…勝家《かついえ》の通称《つうしょう》。

信忠…織田信忠。信長の長男。本能寺の変で自刃した。
傀儡《かいらい》…誰《だれ》かの意《い》のままに動《うご》く者《もの》。
筆頭家老《ひっとうがろう》…大名《だいみょう》のもとで家臣《かしん》をとりまとめる家老《かろう》のなかで、第一番目《だいいちばんめ》の者《もの》。
三法師…織田信忠の長男。
藤吉郎…木下藤吉郎。秀吉の前名。

どういうこと？
母上《ははうえ》は信長様《のぶながさま》の妹《いもうと》だから母上《ははうえ》を妻《つま》にすれば
ヒソ…
柴田様《しばたさま》の家中《かちゅう》での地位《ちい》がぐんと上《あ》がるのよ
へ——っ
勝家《かついえ》どの　お顔《かお》をお上《あ》げくださいい
いえ『うん』と言《い》っていただくまでは……
お顔《かお》を　お上《あ》げくださらなければ
『うん』と申《もう》し上《あ》げられないではないですか
ゆでだこ……
織田家《おだけ》の跡取《あとと》りは三法師《さんぼうし》となり勝家《かついえ》は市《いち》と婚約《こんやく》し織田家《おだけ》の実権《じっけん》を握《にぎ》った

北ノ庄城《きたのしょうじょう》…現在《げんざい》の福井県《ふくいけん》福井市《ふくいし》にあった城《しろ》。

畿内《きない》…朝廷《ちょうてい》のあった京都《きょうと》に近《ちか》い国々《くにぐに》。山城国《やましろのくに》（現在《げんざい》の京都府南部《きょうとふなんぶ》）、大和国《やまとのくに》（奈良県《ならけん》）、河内国《かわちのくに》（大阪府南東部《おおさかふなんとうぶ》）、和泉国《いずみのくに》（大阪府南西部《おおさかふなんせいぶ》）、摂津国《せっつのくに》（大阪府《おおさかふ》と兵庫県《ひょうごけん》の一部《ぶ》）の五か国《こく》。

羽柴秀吉《はしばひでよし》のこと。

前田利家《まえだとしいえ》…織田信長《おだのぶなが》の家臣《かしん》で、のちの加賀藩《かがはん》の藩祖《はんそ》。

北ノ庄城《きたのしょうじょう》
お市様《いちさま》……
サルめに ここまで してやられるとは…… 申《もう》し訳《わけ》もございませぬ！
スッ
お顔《かお》をお上《あ》げください
お前様《まえさま》の土下座《どげざ》は一度《ど》見《み》ればたくさんです
それに「様《さま》」はいらぬと申《もう》しております
お市《いち》さ……
お市《いち》 娘《むすめ》たちを連《つ》れて 秀吉《ひでよし》のもとへ行《い》ってくれ
グイ
そなたたちを悪《わる》いようにはすまい
娘《むすめ》たちは秀吉《ひでよし》に引《ひ》き渡《わた》しましょう
でも私《わたし》は お前様《まえさま》とともに残《のこ》ります
お市《いち》!!

女《おんな》の落城《らくじょう》は一度《ど》で十分《じゅうぶん》です
母上《ははうえ》！私《わたし》も残《のこ》ります！
一文字宗吉《いちもんじむねよし》…浅井長政《あざいながまさ》の形見《かたみ》の太刀《たち》。
長政様《ながまささま》から一文字宗吉《いちもんじむねよし》を預《あず》かったのを忘《わす》れたのですか！
あなたは浅井《あざい》の家《いえ》を再興《さいこう》するのです！
…………私《わたし》の父上《ちちうえ》は……
浅井《あざい》の父上《ちちうえ》ごめんなさい……
タッ

私《わたし》の父上《ちちうえ》は
勝家様《かついえさま》だけです！
父上《ちちうえ》のおひげ
ちくちくする
……
ならば
柴田《しばた》のおうちも
再興《さいこう》せねば
のぉ……

行《い》くのです 茶々《ちゃちゃ》
行《い》かねば 母子《ははこ》の縁《えん》を 切《き》ります
いやです!!
パン
お前《まえ》は初《はつ》と江《ごう》を 見捨《みす》てるつもり ですか!!
バッ
誰《たれ》かある! 茶々《ちゃちゃ》たちを 護衛《ごえい》いたせ!

ゴオオオ
秀吉《ひでよし》の本陣《ほんじん》
ソワ
ソワ
お着《つ》きになりました
来《き》たか！
大《おお》きくなられ申《もう》した
これからはこの秀吉《ひでよし》が面倒《めんどう》を見《み》させていただきますので ご安心《あんしん》を
——おい
お市様《いちさま》はどうした？
それが……
母上《ははうえ》は

冥土《めいど》…死者《ししゃ》の魂《たましい》が行《い》くと考《かんが》えられている場所《ばしょ》。

私《わたし》はあなたを決《けっ》して許《ゆる》さない!!
……
ガクッ…
っ…

第《だい》三章《しょう》　秀吉《ひでよし》と秀頼《ひでより》

天正《てんしょう》十二年《ねん》（1584）年《ねん》
安土城下《あづちじょうか》
秀吉《ひでよし》は三姉妹《しまい》を三法師《さんぼうし》が暮《く》らす安土城下《あづちじょうか》に置《お》いた
初《はつ》 結構《けっこう》な お手前《てまえ》になりましたね
茶々《ちゃちゃ》（16歳《さい》）
秀吉様《ひでよしさま》は私《わたし》たちをどうなさるおつもりでしょう
初《はつ》（15歳《さい》）
さあ…… きっと何《なに》か お考《かんが》えが あるのでしょう
江《ごう》（12歳《さい》）
ガタッ
おお ここにおられたか
ヒョイ
わしにも茶《ちゃ》を点《た》ててくれぬか

安土城《あづちじょう》…現在《げんざい》の滋賀県《しがけん》近江八幡市《おうみはちまんし》安土町《あづちちょう》にあった、織田信長《おだのぶなが》が築《きず》いた城《しろ》。天守《てんしゅ》は1582年《ねん》に焼失《しょうしつ》。

佐治《さじ》一成《かずなり》…現在《げんざい》の愛知県南西部《あいちけんなんせいぶ》にある知多半島《ちたはんとう》を治《おさ》めた武将《ぶしょう》。織田家《おだけ》に仕《つか》えた。

佐治水軍《さじすいぐん》…伊勢湾《いせわん》（愛知県《あいちけん》と三重県《みえけん》に囲《かこ》まれた海域《かいいき》）で力《ちから》を持《も》っていた海賊《かいぞく》。

小牧《こまき》・長久手《ながくて》の戦《たたか》い…羽柴秀吉《はしばひでよし》と、織田信長《おだのぶなが》の次男《じなん》・信雄《のぶかつ》及《およ》び徳川家康《とくがわいえやす》が、政権《せいけん》をめぐって起《お》こした戦《たたか》い。

安土城下《あづちじょうか》
タタタタ…
江《ごう》!!
……姉様《ねえさま》!
ジワ…
秀吉《ひでよし》……
わあああっ
ああああ…
やはり あの男《おとこ》は
許《ゆる》せない……

天子《てんし》…天皇《てんのう》のこと。

着々《ちゃくちゃく》と全国統一《ぜんこくとういつ》を
進《すす》める秀吉《ひでよし》は
天正《てんしょう》十三年《ねん》に関白《かんぱく》となり
翌年《よくねん》
正親町天皇《おおぎまちてんのう》から
豊臣姓《とよとみせい》を賜《たまわ》り
太政大臣《だいじょうだいじん》となる
同年《どうねん》 初《はつ》が
京極高次《きょうごくたかつぐ》に嫁《とつ》いだ
天正《てんしょう》十五（1586）年《ねん》 春《はる》
失礼《しつれい》いたします
関白殿下《かんぱくでんか》が
お呼《よ》びでございます
ムス…
こちらです
お茶々様《ちゃちゃさま》を
お連《つ》れいたしました
入《はい》れ

関白…天皇を助けて政治を行う最高職。正親町天皇…第10代天皇 1557～1586年在位。

京極高次《きょうごくたかつぐ》…近江源氏《おうみげんじ》の当主《とうしゅ》。浅井《あざい》の滅亡後《めつぼうご》、織田信長《おだのぶなが》、豊臣秀吉《とよとみひでよし》に仕《つか》えた。太政大臣《だいじょうだいじん》…律令制《りつりょうせい》における国《くに》の最高機関《さいこうきかん》・太政官《だいじょうかん》の最高官《さいこうかん》。

そなたに これを
見《み》せたかった

茶々《ちゃちゃ》
江《ごう》や初《はつ》のことでは
すまぬことをした
その上《うえ》で
そなたに頼《たの》みがある
わしの子《こ》を
生《う》んではくれぬか

そなたが わしの子《こ》を生《う》めば その子《こ》は 織田《おだ》の血《ち》を継《つ》いだ 尊《とうと》い お子《こ》となる
わしは その子《こ》に 天下《てんか》を譲《ゆず》り 信長様《のぶながさま》の ご恩《おん》に 報《むく》いるつもりじゃ
な………
北《きた》ノ《の》庄城《しょうじょう》
浅井《あざい》の血《ち》を 絶《た》やしては なりませぬ

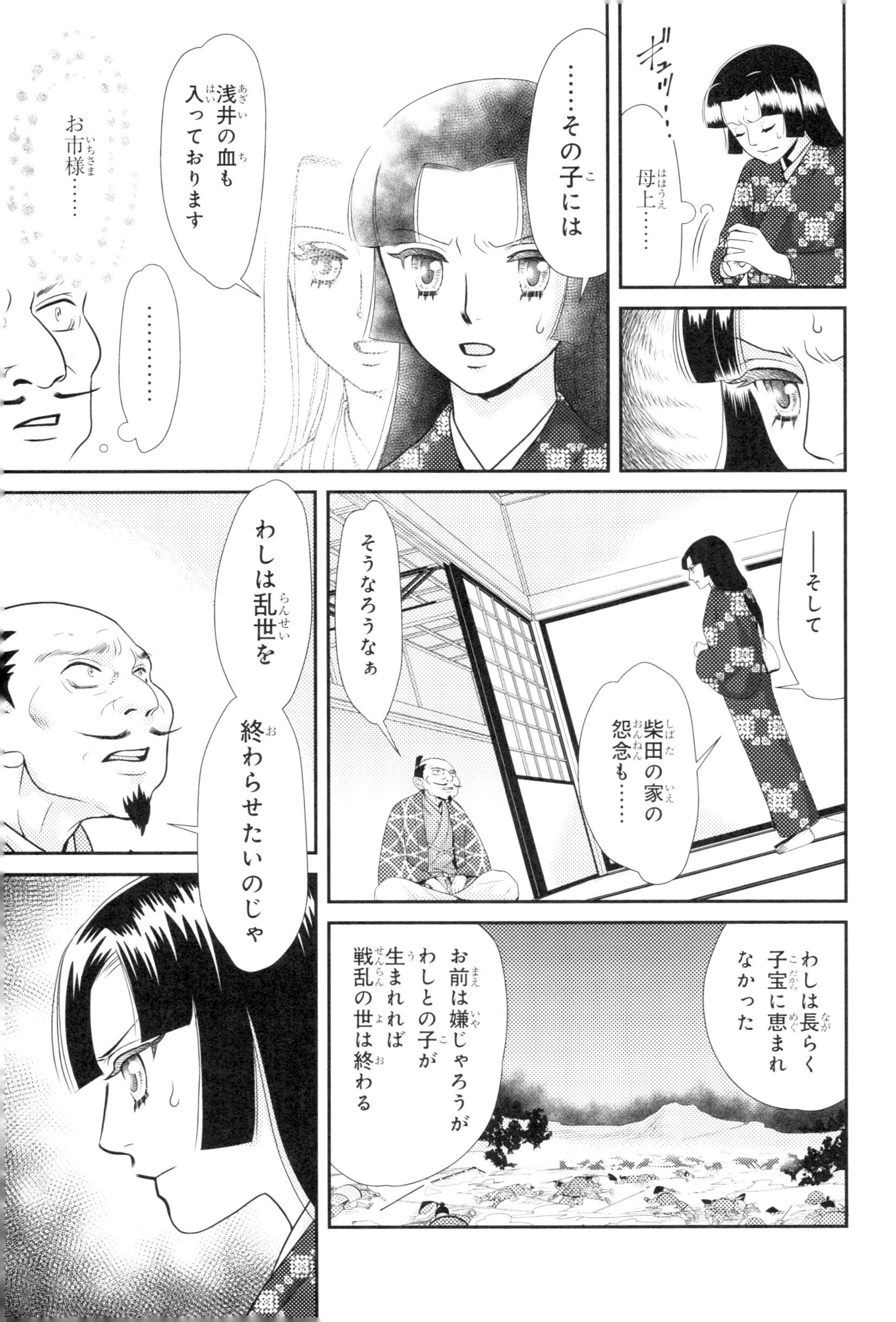
ギュッ…
母上《ははうえ》……
……その子《こ》には
浅井《あざい》の血《ち》も入《はい》っております
……………
お市様《いちさま》……
──そして
柴田《しばた》の家《いえ》の怨念《おんねん》も……
そうなろうなぁ
わしは乱世《らんせい》を終《お》わらせたいのじゃ
わしは長《なが》らく子宝《こだから》に恵《めぐ》まれなかった
お前《まえ》は嫌《いや》じゃろうがわしとの子《こ》が生《う》まれれば戦乱《せんらん》の世《よ》は終《お》わる

母上《ははうえ》……
女《おんな》は命《いのち》を生《う》むのが戦《いくさ》です
よい戦《いくさ》をするのですよ
母上《ははうえ》
……わかりました
おお!!
サアァ…
これからが私《わたし》の女《おんな》としての戦《いくさ》ですね……

徳川四天王…徳川家康家臣の最上層を形成した四人の武将。本多忠勝、酒井忠次、榊原康政、井伊直政を指す。
井伊直虎《いいなおとら》…遠江国《とおとうみのくに》井伊谷《いいのや》（現在《げんざい》の静岡県浜松市《しずおかけんはままつし》）を領地《りょうち》とした女性《じょせい》。
産屋《うぶや》…出産《しゅっさん》のための別棟《べつむね》の家《いえ》。
淀城《よどじょう》…現在《げんざい》の京都府京都市伏見区《きょうとふきょうとしふしみく》にあった城《しろ》。

大坂城《おおさかじょう》…現在《げんざい》の大阪府《おおさかふ》大阪市《おおさかし》中央区《ちゅうおうく》にあった、当時《とうじ》の豊臣秀吉《とよとみひでよし》の居城《きょじょう》。

出雲阿国《いずものおくに》…歌舞伎《かぶき》を始《はじ》めたとされる女性芸能者《じょせいげいのうしゃ》。七回忌《かいき》・十七回忌《かいき》…人《ひと》の死後《しご》に行《おこな》う法要《ほうよう》。

浅井《あざい》の名《な》を名乗《なの》ることはできないけど
浅井《あざい》の血《ち》を継《つ》ぐ鶴松《つるまつ》が やがては天下《てんか》を継《つ》ぐことになるわ
母上《ははうえ》との約束《やくそく》が守《まも》れるわね
ええ
兄上《あにうえ》……

天正《てんしょう》十八（1590）年《ねん》
秀吉《ひでよし》は関東《かんとう》の北条氏《ほうじょうし》を
討《う》ち滅《ほろ》ぼし
天下統一《てんかとういつ》を成《な》し遂《と》げた
――しかし 淀殿《よどどの》 秀吉《ひでよし》の幸《しあわ》せは そう長《なが》く続《つづ》かなかった
――鶴松《つるまつ》？

北条氏《ほうじょうし》…伊勢宗瑞《いせそうずい》（北条早雲《ほうじょうそううん》）を初代《しょだい》とする戦国大名《せんごくだいみょう》。当時《とうじ》、関東《かんとう》の大半《たいはん》を勢力下《せいりょくか》に置《お》いていた。

目《め》を開《あ》けてくれ……
鶴松《つるまつ》――!!
うう…
天正《てんしょう》十九(1591)年《ねん》
鶴松《つるまつ》は わずか三歳《さい》で
亡《な》くなった
わあああ…!
淀殿《よどどの》は もとより
秀吉《ひでよし》の悲《かな》しみは
計《はか》り知《し》れない
ものであった

秀次《ひでつぐ》…豊臣秀次《とよとみひでつぐ》。秀吉《ひでよし》の姉《あね》・とも（日秀尼《にっしゅうに》）の長男《ちょうなん》。

太閤《たいこう》…関白経験者《かんぱくけいけんしゃ》の敬称《けいしょう》。

豊臣秀勝《とよとみひでかつ》…豊臣秀吉《とよとみひでよし》の姉《あね》・とも（日秀尼《にっしゅうに》）の次男《じなん》。

じっ……
なんとなく兄上《あにうえ》の面影《おもかげ》が……
なんじゃ?
いえ……
大坂城城門《おおさかじょうじょうもん》
あーーん
あーーん……
俗信《ぞくしん》…民衆《みんしゅう》の間《あいだ》で行《おこな》われる宗教的《しゅうきょうてき》な風習《ふうしゅう》。
拾《ひろ》われた子《こ》は育《そだ》つ
という俗信《ぞくしん》に基《もと》づき
赤子《あかご》は一度《いちど》 城門《じょうもん》の前《まえ》に
捨《す》てられたうえで拾《ひろ》われ
「拾《ひろい》」と名付《なづ》けられた

文禄元《ぶんろくがん》（1592）年《ねん》
秀吉《ひでよし》は朝鮮《ちょうせん》へ
出兵《しゅっぺい》を開始《かいし》
ザザ…
江《ごう》の夫《おっと》 秀勝《ひでかつ》も
朝鮮《ちょうせん》へ渡《わた》った
秀勝《ひでかつ》は朝鮮《ちょうせん》で病死《びょうし》し
江《ごう》との娘《むすめ》・完子《さだこ》は
文禄《ぶんろく》四（1595）年《ねん》
まってよーっ
キャハハ…
万福丸《まんぷくまる》
兄上《あにうえ》――
江《ごう》が徳川秀忠《とくがわひでただ》に
改《あらた》めて嫁《とつ》ぐに
あたって
淀殿《よどどの》が養女《ようじょ》にした
拾《ひろい》に跡《あと》を継《つ》がせるため
秀吉《ひでよし》は関白《かんぱく》の
位《くらい》をゆずった秀次《ひでつぐ》を
切腹《せっぷく》させた
秀次様《ひでつぐさま》
お許《ゆる》しください……
ぎゅっ
母上《ははうえ》
どうしたの？
太閤殿下《たいこうでんか》
拾《ひろい》のために
そこまで……

朝鮮《ちょうせん》…韓国《かんこく》と北朝鮮《きたちょうせん》が一《ひと》つになっていた国《くに》のこと。
徳川秀忠《とくがわひでただ》…徳川家康《とくがわいえやす》の三男《なん》。

文禄《ぶんろく》五（１５９６）年《ねん》
五月二日《がっふつか》 拾《ひろい》は
朝廷《ちょうてい》に初参内《はっさんだい》した
お前《まえ》は織田《おだ》と浅井《あざい》と 豊臣《とよとみ》 三《みっ》つの血《ち》を 引《ひ》いているの
だから みんな お前《まえ》のことを 歓迎《かんげい》しているのよ
拾《ひろい》が大坂城《おおさかじょう》に移《うつ》り元服《げんぷく》して
『秀頼《ひでより》』と名乗《なの》るにあたり
元号《げんごう》までが『慶長《けいちょう》』に
改《あらた》められた

醍醐寺《だいごじ》…真言宗《しんごんしゅう》醍醐派《だいごは》の総本山《そうほんざん》。

どうじゃ
はい
以前《いぜん》殿下《でんか》に見《み》せていただいた桜《さくら》を思《おも》い出《だ》しておりました
あの時《とき》の桜《さくら》もほんに美《うつく》しゅうございました……
ギュッ
秀頼《ひでより》……
秀頼《ひでより》が成人《せいじん》するまで
わしは生《い》きておれるかのう………

伏見城《ふしみじょう》…現在《げんざい》の京都府京都市伏見区《きょうとふきょうとしふしみく》にあった、豊臣秀吉《とよとみひでよし》が築《きず》いた城《しろ》。
五大老《ごたいろう》…秀吉《ひでよし》が設《もう》けた、豊臣政権《とよとみせいけん》を補佐《ほさ》する最高機関《さいこうきかん》。徳川家康《とくがわいえやす》・前田利家《まえだとしいえ》・宇喜多秀家《うきたひでいえ》・上杉景勝《うえすぎかげかつ》・毛利輝元《もうりてるもと》の五人《にん》。

天下《てんか》はそなたのものじゃ
秀吉《ひでよし》は八月《がつ》十八日《にち》に伏見城《ふしみじょう》で亡《な》くなった
ギュッ・・・
秀頼《ひでより》
そなたは太閤殿下《たいこうでんか》から天下《てんか》を託《たく》されたのじゃ……

第《だい》四章《しょう》　関ヶ原《せきがはら》
秀吉《ひでよし》が亡《な》くなると
大坂城《おおさかじょう》の二《に》の丸《まる》には政務《せいむ》を執《と》るため徳川家康《とくがわいえやす》が入《はい》り
秀頼《ひでより》じっとしてなさい
淀殿《よどどの》は大坂城《おおさかじょう》の本丸《ほんまる》で秀頼《ひでより》の養育《よういく》に専念《せんねん》していた
慶長《けいちょう》五(1600)年《ねん》六月《がつ》十五日《にち》
会津《あいづ》の上杉景勝《うえすぎかげかつ》どのがご謀叛《むほん》!?
は討《う》ち果《は》たすべきではないかと
徳川家康《とくがわいえやす》

関ヶ原《せきがはら》…現在《げんざい》の岐阜県《ぎふけん》不破郡《ふわぐん》関ヶ原町《せきがはらちょう》。

奉行衆《ぶぎょうしゅう》…秀吉《ひでよし》や秀頼《ひでより》の側近《そっきん》。兵糧《ひょうろう》…戦時《せんじ》の食糧《しょくりょう》のこと。

五奉行《ごぶぎょう》…秀吉《ひでよし》のもとで政務《せいむ》を担《にな》った、浅野長政《あさのながまさ》・石田三成《いしだみつなり》・増田長盛《ましたながもり》・長束正家《なつかまさいえ》・前田玄以《まえだげんい》の五名《めい》。

おかしいではないか
家康《いえやす》どのは「景勝《かげかつ》どのご謀叛《むほん》」とのことで会津《あいづ》へ出兵《しゅっぺい》されたのじゃぞ
それこそ秀頼様《ひでよりさま》をたばかる陰謀《いんぼう》
五大老《ごたいろう》を一人一人《ひとりひとり》討《う》ち
豊臣《とよとみ》が力《ちから》を失《うしな》ったところで
日《ひ》の本《もと》を乗《の》っ取《と》る算段《さんだん》にございます
わらわは もう誰《だれ》を信《しん》じてよいものやらわからぬ……
家康《いえやす》に心許《こころゆる》してはなりませぬ
この三成《みつなり》輝元《てるもと》どのと力《ちから》をあわせ
あくまで秀頼様《ひでよりさま》とご母堂様《ぼどうさま》をお護《まも》りする覚悟《かくご》でございます

……わかった
よきにはからえ
はっ!
せめて秀頼《ひでより》が いま少《すこ》し大《おお》きゅう なっておれば…… 時間《じかん》が欲《ほ》しい!
七月《がつ》二十五日《にち》 小山《おやま》
三成《みつなり》の挙兵《きょへい》を知《し》った 家康《いえやす》は 会津《あいづ》に向《む》かう 道中《どうちゅう》 評定《ひょうじょう》を開《ひら》いた
各々方《おのおのがた》の妻子《さいし》が大坂城《おおさかじょう》に 人質《ひとじち》に取《と》られておる
この家康《いえやす》につくか 三成《みつなり》につくか ご自由《じゆう》に決《き》められよ
結局《けっきょく》 家康《いえやす》は上杉《うえすぎ》攻《ぜ》めに 参加《さんか》していた ほとんどの 武将《ぶしょう》を味方《みかた》につけて 東軍《とうぐん》として西《にし》へ下《くだ》った

小山《おやま》…現在《げんざい》の栃木県小山市《とちぎけんおやまし》。

評定《ひょうじょう》…人々《ひとびと》が集《あつ》まり、相談《そうだん》して決《き》めること。

東軍《とうぐん》…関ヶ原《せきがはら》の戦《たたか》いで、徳川家康《とくがわいえやす》を総大将《そうだいしょう》とした軍勢《ぐんぜい》のこと。

美濃国《みののくに》…現在《げんざい》の岐阜県南部《ぎふけんなんぶ》。

小早川秀秋《こばやかわひであき》…筑前国《ちくぜんのくに》（現在《げんざい》の福岡県北西部《ふくおかけんほくせいぶ》）およびその周辺《しゅうへん》を領有《りょうゆう》した武将《ぶしょう》。

二十四日《にじゅうよっか》には
敗軍《はいぐん》の総大将《そうだいしょう》・
輝元《てるもと》が大坂城《おおさかじょう》より
退去《たいきょ》し
二十七日《にち》に
家康《いえやす》が大坂城《おおさかじょう》に
入城《にゅうじょう》した
秀頼様《ひでよりさま》とご母堂様《ぼどうさま》に おかれましては 心細《こころぼそ》い日々《ひび》を送《おく》られました ことでしょう
しかし この家康《いえやす》が入城《にゅうじょう》した 以上《いじょう》 もはやなんの心配《しんぱい》も ございませぬ
…………
しかし家康《いえやす》は
淀殿《よどどの》や秀頼《ひでより》に
なんの断《ことわ》りもなく
西軍《せいぐん》に属《ぞく》した
大名《だいみょう》たちの領地《りょうち》を
東軍《とうぐん》に属《ぞく》した
大名《だいみょう》たちに
分配《ぶんぱい》してしまった

石高…一石は現在の約一八〇リットル。大名の領地の規模を表すのに用いられた。

征夷大将軍《せいいたいしょうぐん》…幕府《ばくふ》の最高職《さいこうしょく》の名《な》。

宣下《せんげ》…天皇《てんのう》が命《めい》を伝《つた》えること。

大野治長《おおのはるなが》…淀殿《よどどの》の乳母《めのと》・大蔵卿局《おおくらきょうのつぼね》の子《こ》で、豊臣秀頼《とよとみひでより》に仕《つか》えた武将《ぶしょう》。

片桐且元《かたぎりかつもと》…豊臣秀吉《とよとみひでよし》に仕《つか》え、秀頼《ひでより》の後見人《こうけんにん》となった武将《ぶしょう》。

武家《ぶけ》…武士《ぶし》の系統《けいとう》の家《いえ》。

棟梁《とうりょう》…一《ひと》つの集団《しゅうだん》を統率《とうそつ》する人《ひと》。

公家《くげ》…武家《ぶけ》に対《たい》し、朝廷《ちょうてい》に仕《つか》える貴族《きぞく》の呼《よ》び名《な》。

輿入《こしい》れ…嫁入《よめい》りのこと。

淀殿《よどどの》は秀頼《ひでより》とともに
幼《おさな》い千姫《せんひめ》を
わが娘《むすめ》のように
かわいがり
南蛮《なんばん》の金平糖《こんぺいとう》よ
キレイ!!
かわいらしいご夫婦《ふうふ》ですこと
あれが……
ほんとうに……
しばらくの間《あいだ》
大坂城《おおさかじょう》は和《なご》やかな
空気《くうき》に包《つつ》まれた
伏見城《ふしみじょう》
淀殿《よどどの》……
カリ…
秀頼君《ひでよりぎみ》のためにも
どうか おとなしく
していてくだされや……

第《だい》五章《しょう》　大坂《おおさか》の陣《じん》
慶長《けいちょう》十(1605)年《ねん》四月《がつ》十六日《にち》
家康《いえやす》の息子《むすこ》・秀忠《ひでただ》が征夷大将軍《せいいたいしょうぐん》の宣下《せんげ》を受《う》けた
大坂城《おおさかじょう》
その後《ご》 徳川《とくがわ》の使《つか》いが大坂城《おおさかじょう》の秀頼《ひでより》のもとをおとずれ……
大御所様《おおごしょさま》が秀頼君《ひでよりぎみ》と ぜひお会《あ》いしたいと申《もう》しております
つきましては伏見《ふしみ》まで お越《こ》しいただきたいと
何《なに》ゆえわざわざ伏見《ふしみ》に……
秀頼《ひでより》(13歳《さい》)
ハッ

大御所《おおごしょ》…隠居《いんきょ》した将軍《しょうぐん》。この場合《ばあい》は家康《いえやす》のこと。

まさか……
バッ

わな　わな…
母上《ははうえ》？
やらぬ……
え？
ギュッ
どうしても　と申《もう》すなら
家康《いえやす》どのが大坂城《おおさかじょう》に参《まい》れ!!
ここからは
一歩《ぽ》も出《で》ぬ!!

二条城《にじょうじょう》…現在《げんざい》の京都府《きょうとふ》京都市《きょうとし》中京区《なかぎょうく》にある徳川家康《とくがわいえやす》が築《きず》いた城《しろ》。要害《ようがい》…攻防上《こうぼうじょう》で重要《じゅうよう》な地点《ちてん》。

加藤清正《かとうきよまさ》…幼少期《ようしょうき》から豊臣秀吉《とよとみひでよし》に仕《つか》え、のちに熊本城城主《くまもとじょうじょうしゅ》となり肥後国《ひごのくに》（現在《げんざい》の熊本県《くまもとけん》）北半分《きたはんぶん》を領有《りょうゆう》する。

慶長《けいちょう》十六(1611)年《ねん》
三月《がつ》 二《に》条城《じょうじょう》
盃《さかずき》は家康様《いえやすさま》から……
秀頼様《ひでよりさま》……
こびることなく それでいて家康様《いえやすさま》をお立《た》てになられて……
グッ…
ご成長《せいちょう》あそばした……

前田利長《まえだとしなが》…加賀藩初代藩主《かがはんしょだいはんしゅ》。

浅野幸長《あさのよしなが》…紀伊国和歌山藩《きいのくにわかやまはん》（現在《げんざい》の和歌山県《わかやまけん》の大半《たいはん》と三重県《みえけん》の一部《ぶ》）の初代藩主《しょだいはんしゅ》。

恩顧《おんこ》…情《なさ》けをかけ、よく面倒《めんどう》を見《み》ること。

慶長《けいちょう》十九(1614)年《ねん》七月《がつ》 京都《きょうと》方広寺《ほうこうじ》鐘銘事件《しょうめいじけん》が起《お》こった
太閤殿下《たいこうでんか》が建立《こんりゅう》された大仏殿《だいぶつでん》を再建《さいけん》せよと言《い》ったのは家康《いえやす》じゃぞ
それを今《いま》になって開眼供養《かいげんくよう》を中止《ちゅうし》せよとは……
傷《いた》みの激《はげ》しかった京都《きょうと》方広寺《ほうこうじ》の大仏殿《だいぶつでん》を修築《しゅうちく》したところ これに家康《いえやす》が文句《もんく》をつけてきたのだ
国家安康
君臣豊楽
梵鐘《ぼんしょう》に刻《きざ》まれた文字《もじ》が徳川《とくがわ》どのを呪《のろ》い 豊臣《とよとみ》の繁栄《はんえい》を願《ねが》う言葉《ことば》だなどと申《もう》しておりますが……
それこそ 言《い》いがかりではないか!
グシャッ

京都《きょうと》方広寺《ほうこうじ》…現在《げんざい》の京都府《きょうとふ》京都市《きょうとし》にあった天台宗《てんだいしゅう》の寺《てら》。1586年《ねん》に豊臣秀吉《とよとみひでよし》が創建《そうけん》。

大仏殿《だいぶつでん》…大仏《だいぶつ》を安置《あんち》する堂《どう》。

開眼供養《かいげんくよう》…新《あたら》しく作製《さくせい》された大仏《だいぶつ》に入魂《にゅうこん》の儀式《ぎしき》を行《おこな》うこと。

梵鐘《ぼんしょう》…寺院《じいん》の楼鐘《ろうしょう》に吊《つ》りさげる、木《き》の棒《ぼう》で衝《つ》き鳴《な》らす鐘《かね》。

淀殿《よどどの》は釈明《しゃくめい》のために片桐且元《かたぎりかつもと》を家康《いえやす》のもとへ送《おく》ったが
片桐且元《かたぎりかつもと》
家康《いえやす》は直接《ちょくせつ》 会《あ》うことはなく『秀頼《ひでより》が大坂城《おおさかじょう》からほかの城《しろ》へ移《うつ》ること』『淀殿《よどどの》が江戸《えど》へ人質《ひとじち》に来《く》ること』などを要求《ようきゅう》した
大坂城《おおさかじょう》
家康《いえやす》がそのようなことを!?
この城《しろ》は私《わたし》と秀頼《ひでより》のもの
一歩《ぽ》たりとも動《うご》きませぬ!
しかし家康《いえやす》を信用《しんよう》していない淀殿《よどどの》は それらを受《う》け入《い》れなかった

豊臣方《とよとみがた》は戦《いくさ》の準備《じゅんび》のため
兵《へい》を集《あつ》めはじめた
その中《なか》には関ケ原《せきがはら》の合戦《かっせん》で豊臣方《とよとみがた》についたために紀伊国九度山《きいのくにくどやま》に流《なが》されていた真田幸村《さなだゆきむら》(正《ただ》しくは信繁《のぶしげ》)の姿《すがた》もあった
真田幸村《さなだゆきむら》(信繁《のぶしげ》)
全国《ぜんこく》から多《おお》くの牢人《ろうにん》が大坂城《おおさかじょう》へ入城《にゅうじょう》した
その兵力《へいりょく》は約《やく》十万《まん》
家康《いえやす》は諸大名《しょだいみょう》に大坂攻《おおさかぜ》めを命《めい》じた

真田幸村《さなだゆきむら》…信濃国上田《しなののくにうえだ》(現在《げんざい》の長野県上田市《ながのけんうえだし》)を本拠地《ほんきょち》とした真田氏《さなだし》の武将《ぶしょう》。紀伊国《きいのくに》…現在《げんざい》の和歌山県《わかやまけん》と三重県《みえけん》の一部《ぶ》。

九度山《くどやま》…現在《げんざい》の和歌山県伊都郡九度山町《わかやまけんいとぐんくどやまちょう》。牢人《ろうにん》…主家《しゅか》をはなれた武士《ぶし》。

慶長《けいちょう》十九(1614)年《ねん》十一月《がつ》ついに両軍《りょうぐん》は開戦《かいせん》する
大坂城《おおさかじょう》
徳川軍《とくがわぐん》
豊臣軍《とよとみぐん》
大坂冬《おおさかふゆ》の陣《じん》である
もっと引《ひ》きつけろ
豊臣方出城《とよとみがたでじろ》
真田丸《さなだまる》
ワァァァ‥
今《いま》だ 撃《う》て!

真田《さなだ》幸村《ゆきむら》らの活躍《かつやく》もあり
ドン
ドン
ドン
ズギャアア…
豊臣方《とよとみがた》は有利《ゆうり》に戦《いくさ》を進《すす》めた
大坂城《おおさかじょう》
今《いま》この城《しろ》を囲《かこ》む者《もの》どもは太閤閣下《たいこうかっか》の大恩《たいおん》を忘《わす》れた忘恩《ぼうおん》の徒《と》どもである！
淀殿《よどどの》は兵《へい》たちを鼓舞《こぶ》すべく武装《ぶそう》して城内《じょうない》を巡回《じゅんかい》した
秀頼様《ひでよりさま》をかような者《もの》どもの手《て》に引《ひ》き渡《わた》してはならぬぞえ！

徳川方《とくがわがた》
ズラッ
放《はな》て!!
ドドーン
ドオン
ドオン
ドオン
なんじゃ!?
ギャッ

ドオン
バキバキィ…
ギャアアァアァア
バキッ…
バキイィッ
奥方様《おくがたさま》!!
ハッ
ドドッ

もう落城《らくじょう》は嫌《いや》じゃ……
ガクッ

京極忠高《きょうごくただたか》…小浜《おばま》（現在《げんざい》の福井県小浜市《ふくいけんおばまし》）藩主《はんしゅ》・京極高次《きょうごくたかつぐ》の子《こ》。和議《わぎ》…争《あらそ》いをやめるために相談《そうだん》すること。阿茶局《あちゃのつぼね》…徳川家康《とくがわいえやす》の側室《そくしつ》。

常高院《じょうこういん》…初《はつ》のこと。夫《おっと》・京極高次《きょうごくたかつぐ》の死後《しご》、出家《しゅっけ》して常高院《じょうこういん》と名乗《なの》った。破却《はきゃく》…原形《げんけい》をとどめないくらいに壊《こわ》すこと。

さらに家康《いえやす》は
秀頼《ひでより》が大坂城《おおさかじょう》を出《で》るか
召《め》し抱《かか》えている
牢人《ろうにん》たちを追放《ついほう》
するか いずれかの
条件《じょうけん》を出《だ》した
何《なに》ゆえ 皆《みな》
城内《じょうない》におるのじゃ
あの者《もの》たちは
ここを出《で》ても
行《い》くところがないのです
そのようなこと……
これでは家康《いえやす》との約束《やくそく》を
違《たが》えることになるでは
ないか
翌年《よくねん》四月《がつ》 牢人《ろうにん》を城内《じょうない》に
留《と》め置《お》いていること
などを口実《こうじつ》に
徳川方《とくがわがた》は再度《さいど》
豊臣方《とよとみがた》を攻《せ》めた
秀頼君《ひでよりぎみ》 淀殿《よどどの》
お許《ゆる》しくだされ……

大坂城《おおさかじょう》
誰《だれ》か 秀頼様《ひでよりさま》をお救《すく》い申《もう》し上《あ》げる知恵《ちえ》はないのか!
……………
誰《だれ》か!!
ございます!
幸村《ゆきむら》か 言《ゆ》うてみよ

ただし そのためには 秀頼様自《ひでよりさまみずか》ら 御出馬《ごしゅつば》を いただかねば なりませぬ
わかった 大将《たいしょう》である余《よ》が出馬《しゅつば》して 兵《へい》の士気《しき》を高《たか》めるのだな
秀頼《ひでより》!
秀頼様《ひでよりさま》に御出馬《ごしゅつば》 いただけば わが軍《ぐん》の 士気《しき》も高《たか》まり 逆《ぎゃく》に 徳川《とくがわ》に 与《くみ》した豊臣恩顧《とよとみおんこ》の 者《もの》たちは 気《き》を そがれるでしょう
その隙《すき》をついて 家康《いえやす》の首《くび》を取《と》って 参《まい》ります
この子《こ》だけは 私《わたし》が守《まも》って やらねば……

慶長《けいちょう》二十（1615）年《ねん》 五月七日《がつなのか》 合戦《かっせん》が 始《はじ》まったが 前線《ぜんせん》の 真田《さなだ》幸村《ゆきむら》は苦戦《くせん》していた
幸村様《ゆきむらさま》！ 敵《てき》の数《かず》が 多《おお》すぎます……!!
なんの!! 秀頼様《ひでよりさま》が来《く》るまで 持《も》ちこたえるのだ！
大坂城《おおさかじょう》 本丸《ほんまる》
幸村《ゆきむら》どの 多勢《たぜい》を 相手《あいて》に奮戦中《ふんせんちゅう》！ ぜひ 御出馬《ごしゅつば》を！
出陣《しゅつじん》じゃ！ 行《い》くぞ!!
行《い》かさぬ!!

ドサッ
秀頼様《ひでよりさま》……
なぜご出陣《しゅつじん》されぬ……
おぬし
豊臣方《とよとみがた》の武将《ぶしょう》だな!!
ザッ
!!
申《もう》し上《あ》げます
幸村様《ゆきむらさま》の隊《たい》 家康《いえやす》の本陣《ほんじん》に
あと一歩《ぽ》まで迫《せま》りながら……

秀頼《ひでより》……
……母上《ははうえ》
もういいのです
機《き》は 去《さ》りました
ヘタ…
私《わたし》は……ただ
秀頼《ひでより》を
死《し》なせたくないと……
五月《がつ》七《なの》日《か》
大坂城《おおさかじょう》の本丸《ほんまる》に
火《ひ》が点《つ》けられた
ゴオオオ…

ゴォ・・
こちらへ！
危《あぶ》ない!!
ドドォー・・
ガラガラ・・
きゃあっ
ハァ ハァ・・
義母上様《ははうえさま》
私《わたし》 父上《ちちうえ》と
お祖父様《じいさま》のところへ
懇願《こんがん》に参《まい》ります！
必《かなら》ずや秀頼様《ひでよりさま》と
義母上様《ははうえさま》の助命《じょめい》を
取《と》りつけて参《まい》ります！
ドキ ドキ・・

千《せん》
もうよいのだ
母上《ははうえ》
ドキ
ドキ…
私《わたし》は
天下人《てんかびと》・秀吉《ひでよし》の息子《むすこ》として
立派《りっぱ》に死《し》にたいのです
織田《おだ》と浅井《あざい》の血《ち》は
お江《ごう》どののお子《こ》が
継《つ》ぐでしょう
秀頼《ひでより》……
母上《ははうえ》……

この子《こ》を これ以上《いじょう》 私《わたし》と 同《おな》じ目《め》にあわせては ならぬな……
千《せん》
ギュッ
私《わたし》と秀頼《ひでより》のことは いいから
お前《まえ》は 家康《いえやす》どののもとへ……
義母上様《ははうえさま》……

必《かなら》ず お二人《ふたり》の お命《いのち》を お救《すく》い 申《もう》し上《あ》げます！
バキ
バキ…
ガッ
行《い》きましょう 母上《ははうえ》……
秀頼《ひでより》と淀殿《よどどの》が 自刃《じじん》したのは 五月《がつ》八日《ようか》の ことであった

後水尾天皇…第一〇八代天皇。在位1611〜1629年。中宮…皇后よりあとに入内した后のことで、皇后とほぼ同格。
明正天皇《めいしょうてんのう》…第《だい》一〇九代天皇《だいてんのう》。在位《ざいい》1629〜1643年《ねん》。国松《くにまつ》…豊臣秀頼《とよとみひでより》の長男《ちょうなん》。

東慶寺《とうけいじ》…現在《げんざい》の神奈川県鎌倉市《かながわけんかまくらし》にある寺院《じいん》。

淀殿《よどの》を知るための 基《き》礎《そ》知《ち》識《しき》

解説《かいせつ》

加来耕三《かくこうぞう》

全体《ぜんたい》に殺風景《さっぷうけい》な日本史《にほんし》の中《なか》で、燦然《さんぜん》と輝《かがや》いたのが、安土《あづち》・桃山時代《ももやまじだい》であったろう。なかでも豊臣秀吉《とよとみひでよし》の主宰《しゅさい》した桃山時代《ももやまじだい》は、前《まえ》の織田信長《おだのぶなが》による安土時代《あづちじだい》より以上《いじょう》に、黄金色《こがねいろ》に光《ひか》り輝《かがや》いたイメージが強《つよ》い。

その象徴《しょうちょう》こそが、天下一《てんかいち》の大坂城《おおさかじょう》であったといえる。

秀吉《ひでよし》は言《い》う。十万人《まんにん》が籠城《ろうじょう》(1)しても十年《ねん》は戦《たたか》える、いかなる大軍《たいぐん》を相手《あいて》にしてもびくともしない、この城《しろ》は難攻不落《なんこうふらく》(2)である、と。

ところがその秀吉《ひでよし》が死《し》に、彼《かれ》の後継者《こうけいしゃ》・秀頼《ひでより》の実母《じつぼ》でもある淀殿《よどどの》が、女城主《おんなじょうしゅ》としてこの城《しろ》に入《はい》ると、大坂城《おおさかじょう》の機能《きのう》は一変《いっぺん》した。一言《ひとこと》でいえば、戦《たたか》いとは無縁《むえん》の、嬰児《みどりご》(3)を抱《いだ》く母体《ぼたい》のような、秀頼《ひでより》という生命《いのち》が成人《せいじん》するまで彼《かれ》を抱《いだ》きつづけるための揺籃《ようらん》(ゆりかご)となった。

淀殿《よどどの》の願《ねが》いは一《ひと》つ、無事《ぶじ》にわが子《こ》・秀頼《ひでより》が成人《せいじん》することであったといえる。しかし、天下一《てんかいち》の巨城《きょじょう》に暮《く》らしても、彼女《かのじょ》の不安《ふあん》は去《さ》ることがなかった。なにしろ淀殿《よどどの》は史上稀《しじょうまれ》な、二度《ど》の落城《らくじょう》を体験《たいけん》していたか

(1)籠城《ろうじょう》…城《しろ》などに立《た》て籠《こも》って敵《てき》を防《ふせ》ぐこと。

(2)難攻不落《なんこうふらく》…攻撃《こうげき》が難《むずか》しく、たやすく攻《せ》め落《お》とせないこと。

(3)嬰児《みどりご》…赤《あか》ん坊《ぼう》のこと。

らである。そのすべては、彼女《かのじょ》の母《はは》・お市《いち》の方《かた》につながっていた。
淀殿《よどどの》の母《はは》は信長《のぶなが》の異母妹《いぼまい》（従姉妹《いとこ》とも）で、兄《あに》が最《もっと》も愛《あい》した妹《いもうと》であった、と伝《つた》えられている。細面《ほそおもて》の、それはそれは美《うつく》しい女性《じょせい》であった。
〝天下布武《てんかふぶ》〟を目指《めざ》す信長《のぶなが》は、美濃《みの》（現《げん》・岐阜県南部《ぎふけんなんぶ》）を併合《へいごう》すると、京都《きょうと》と尾張《おわり》（現《げん》・愛知県西部《あいちけんせいぶ》）・美濃《みの》を結《むす》ぶルートを確保《かくほ》するべく、北近江《きたおうみ》（現《げん》・滋賀県北部《しがけんほくぶ》）の戦国大名《せんごくだいみょう》・浅井長政《あざいながまさ》にお市《いち》を嫁《とつ》がせた。
彼女《かのじょ》は天文《てんぶん》十六（一五四七）年《ねん》の生《う》まれで、永禄《えいろく》十（一五六七）年《ねん》から翌永禄《よくえいろく》十一（一五六八）年《ねん》にかけて、近江国小谷城《おうみのくにおだにじょう》（現《げん》・滋《し》賀県長浜市《がけんながはまし》）へ輿入《こしい》れしている。
明《あき》らかな政略結婚《せいりゃくけっこん》であったが、一方《いっぽう》で信長《のぶなが》は徳川家康《とくがわいえやす》とともに、浅《あざ》井長政《いながまさ》を左右《さゆう》の手《て》と恃《たの》んでもいた。やがてお市《いち》は、長政《ながまさ》との間《あいだ》に三女《じょ》をもうけた。茶々《ちゃちゃ》（のちの淀殿《よどどの》）、初《はつ》（のちの京極高次《きょうごくたかつぐ》の室《しつ》(4)）、江《ごう》（小《お》督《ごう》、お江与《えよ》とも。のちの徳川幕府《とくがわばくふ》二代将軍秀忠《だいしょうぐんひでただ》の室《しつ》）の三姉妹《しまい》である。浅井家《あざいけ》にはすでに、嫡男《ちゃくなん》・万福丸《まんぷくまる》がいた。お市《いち》にも、別《べつ》に男《おとこ》の子《こ》がいた、との説《せつ》もある。

（4）室《しつ》…身分《みぶん》のある人《ひと》の妻《つま》。

お市《いち》にとっては、しあわせな日々《ひび》であったが、永禄《えいろく》十三（一五七〇）年《ねん》四月《がつ》二十日《はつか》――この年《とし》、同月《どうげつ》二十三日《にち》に元亀元年《げんきがんねん》と改元《かいげん》――ふいに大事件《だいじけん》が勃発《ぼっぱつ》する。信長《のぶなが》が三河《みかわ》（現《げん》・愛知県東部《あいちけんとうぶ》）の徳川家康《とくがわいえやす》らを引《ひ》きつれて、突然《とつぜん》、北陸《ほくりく》へ攻《せ》め込《こ》んだのだ。

この一挙《いっきょ》がなぜ、浅井家《あざいけ》にとって重大《じゅうだい》であったか。長政《ながまさ》は信長《のぶなが》と同盟《どうめい》を結《むす》ぶにあたり、万一《まんいち》、越前《えちぜん》（現《げん》・福井県北部《ふくいけんほくぶ》）の朝倉義景《あさくらよしかげ》と事《こと》を構《かま》える時《とき》は、事前連絡《じぜんれんらく》してくれるように、と願《ねが》い出《で》、信長《のぶなが》はそれを了承《りょうしょう》していた。にもかかわらず……。

信長《のぶなが》は破竹《はちく》の進撃《しんげき》で越前国金ケ崎《えちぜんのくにかねがさき》（5）まで軍《ぐん》を進《すす》め、金ケ崎《かねがさき》と疋田《ひきた》（6）の両城《りょうじょう》を一日《にち》で落《お》としている。木ノ芽峠《きのめとうげ》（7）から十六里《り》（約《やく》六十二キロメートル）を驀進《ばくしん》した織田徳川連合軍《おだとくがわれんごうぐん》は、四月《がつ》二十八日夜《にちよる》から翌日《よくじつ》には一乗谷《いちじょうだに》（8）を屠《ほふ》る計画《けいかく》で諸隊《しょたい》の部署《ぶしょ》わりを終《お》えていた。

ところが同時刻《どうじこく》、藪《やぶ》から棒《ぼう》の大変事《だいへんじ》が織田連合軍《おだれんごうぐん》を見舞《みま》う。

北近江《きたおうみ》の浅井長政《あざいながまさ》が、にわかに窮地《きゅうち》に立《た》った朝倉家《あさくらけ》に呼応《こおう》し、織田《おだ》連合軍《れんごうぐん》の退路《たいろ》を断《た》つ挙《きょ》に出《で》たのであった。

（5）金ケ崎《かねがさき》…現在《げんざい》の福井県敦賀《ふくいけんつるが》市《し》の北東《ほくとう》にある岬《みさき》。
（6）疋田《ひきた》…現在《げんざい》の福井県敦賀市《ふくいけんつるがし》疋田町《ひきだちょう》。
（7）木ノ芽峠《きのめとうげ》…現在《げんざい》の福井県敦賀市《ふくいけんつるがし》と、南条郡南越前町《なんじょうぐんみなみえちぜんちょう》との境《さかい》にある峠《とうげ》。
（8）一乗谷《いちじょうだに》…現在《げんざい》の福井県福井市《ふくいけんふくいし》南東部《なんとうぶ》、一乗谷川《いちじょうだにがわ》に沿《そ》う谷間《たにま》。

信長《のぶなが》は信《しん》じられない面持《おもも》ちで、しばし呆然《ぼうぜん》と立《た》ちつくした。
知《し》らせをよこしたのが、お市《いち》であった。
「戦陣《せんじん》の菓子《かし》になされませ」
と言《い》って彼女《かのじょ》は、小豆《あずき》をぎっしり詰《つ》めた袋《ふくろ》を、陣中見舞《じんちゅうみま》いとして兄《あに》・信長《のぶなが》に送《おく》ったのだが、その袋《ふくろ》は両端《りょうはし》が縄《なわ》で結《むす》び留《と》められていた。
お市《いち》は、そのことを信長《のぶなが》に伝《つた》えたかったのである（『朝倉家記《あさくらけき》』）。
敦賀平野《つるがへいや》(9)は三方《さんぽう》を山襞《やまひだ》に囲《かこ》まれ、一方《いっぽう》は日本海《にほんかい》である。朝倉氏《あさくらし》を迎《むか》え撃《う》つだけでも、本来《ほんらい》は防戦《ぼうせん》の難《むずか》しい地形《ちけい》であった。前後《ぜんご》から挟撃《きょうげき》(10)されれば、何処《どこ》にも逃《に》げ場《ば》はない。まさに、袋《ふくろ》のねずみ——。
今度《こんど》の作戦《さくせん》も、大国朝倉氏《たいこくあさくらし》の緩慢《かんまん》な体質《たいしつ》、浅井氏《あざいし》の協力《きょうりょく》＝沈黙《ちんもく》と中立《ちゅうりつ》を前提《ぜんてい》としたものであった。若《わか》い当主《とうしゅ》の長政《ながまさ》は、義兄《ぎけい》の信長《のぶなが》に心《しん》服《ぷく》し、あこがれてもいたが、父《ちち》である浅井久政《あざいひさまさ》は永禄《えいろく》三（一五六〇）年《ねん》に隠居《いんきょ》したとはいえ、家中《かちゅう》に隠然《いんぜん》たる影響力《えいきょうりょく》を持《も》っており、古《ふる》い時《じ》代《だい》の人間《にんげん》として、信長《のぶなが》のやり方《かた》には内心《ないしん》で反発《はんぱつ》していた。
その鬱屈《うっくつ》した思《おも》いが、長年《ながねん》の同盟者《どうめいしゃ》である朝倉氏《あさくらし》を、信長《のぶなが》が無断《むだん》で

(9)敦賀平野《つるがへいや》…福井県中央部《ふくいけんちゅうおうぶ》にある平野《へいや》。
(10)挟撃《きょうげき》…はさみうちにすること。

攻《せ》めたことで爆発《ばくはつ》した。長政《ながまさ》は、それを抑《おさ》えられなかったようだ。

信長《のぶなが》は躊躇《ちゅうちょ》することなく、神業《かみわざ》のような迅速《じんそく》さで戦線《せんせん》を離脱《りだつ》した。いわば、連合軍全員《れんごうぐんぜんいん》を、敦賀《つるが》に置《お》き去《ざ》りにしたに等《ひと》しい。

だが、浅井《あざい》・朝倉両軍《あさくらりょうぐん》は、この好機《こうき》に信長《のぶなが》を討《う》つことができず、逆《ぎゃく》に反撃《はんげき》に転《てん》じた信長《のぶなが》に、友誼《ゆうぎ》(11)を誓《ちか》った朝倉家《あさくらけ》も滅《ほろ》ぼされてしまった。

北近江一帯《きたおうみいったい》の浅井領《あざいりょう》は、櫛《くし》の歯《は》を抜《ぬ》くように支城《しじょう》(12)を信長《のぶなが》に落《お》とされ、ついには小谷城《おだにじょう》のみとなる。天正元《てんしょうがん》(一五七三)年《ねん》八月《がつ》二十八日《にち》、朝倉義景《あさくらよしかげ》に遅《おく》れること一週間《しゅうかん》、防戦空《ぼうせんむな》しく浅井久政《あざいひさまさ》・長政父子《ながまさふし》はともに自害《じがい》して果《は》てた。ときに長政《ながまさ》は、二十九歳《さい》の若《わか》さであった。

小谷城落城《おだにじょうらくじょう》の寸前《すんぜん》、長政夫人《ながまさふじん》・お市《いち》の方《かた》とその子《こ》・茶々《ちゃちゃ》、初《はつ》、江《ごう》の三姉妹《しまい》は、信長《のぶなが》のもとに届《とど》けられ、信長《のぶなが》の弟《おとうと》・信包《のぶかね》の守《まも》る尾張国清洲《おわりのくにきよす》(清須《きよす》)城《じょう》(現《げん》・愛知県清須市《あいちけんきよすし》)に引《ひ》き取《と》られた。

長政《ながまさ》の嫡男《ちゃくなん》・万福丸《まんぷくまる》は、秘《ひそ》かに逃《のが》れたが捕《と》らえられ、関ケ原《せきがはら》(現《げん》・愛知県不破郡関ケ原町《あいちけんふわぐんせきがはらちょう》)において磔殺《たくさつ》(13)にされている。

——お市《いち》の心中《しんちゅう》は、いかばかりであったろうか。

(11)友誼《ゆうぎ》…友達《ともだち》のよしみ。

(12)支城《しじょう》…本城《ほんじょう》を補助《ほじょ》するために配《はい》された城《しろ》。

(13)磔殺《たくさつ》…磔《はりつけ》にして殺《ころ》すこと。

おそらく、夫《おっと》・長政《ながまさ》の滅亡《めつぼう》に涙《なみだ》しつつも、自《みずか》らの果《は》たした役割《やくわり》については、なんの疑念《ぎねん》も抱《いだ》いていなかったのではあるまいか。すべては、「実家《じっか》」に殉《じゅん》じる——それが、戦国《せんごく》の世《よ》の武家《ぶけ》の女《おんな》たちの宿命《しゅくめい》であった。

その証拠《しょうこ》にお市《いち》は、天正《てんしょう》十（一五八二）年《ねん》六月《がつ》、本能寺《ほんのうじ》の変《へん》で兄《あに》・信長《のぶなが》が横死《おうし》(14)すると、織田家《おだけ》の相続《そうぞく》を筆頭家老《ひっとうがろう》・柴田勝家《しばたかついえ》と、主君《しゅくん》の仇討《あだうち》を行《おこな》った功臣《こうしん》の羽柴秀吉《はしばひでよし》が争《あらそ》う中《なか》、織田家《おだけ》を守《まも》るために勝家《かついえ》と再《さい》婚《こん》し、越前国北ノ庄城《えちぜんのくにきたのしょうじょう》（現《げん》・福井県福井市《ふくいけんふくいし》）に移《うつ》り住《す》む選択《せんたく》をしている。ときに勝家《かついえ》は、六十一歳《さい》ぐらい。お市《いち》は、三十六歳《さい》であった。

しかし、婚姻《こんいん》の翌年《よくねん》＝天正《てんしょう》十一（一五八三）年《ねん》、勝家《かついえ》は秀吉《ひでよし》に敗《やぶ》れ、北ノ庄《きたのしょう》に自刃《じじん》する。このおりお市《いち》は、娘《むすめ》三人《にん》を城《しろ》から出《だ》し、自《みずか》らは夫《おっと》・勝家《かついえ》と自害《じがい》。つまりお市《いち》は、二度《ど》の落城《らくじょう》を経験《けいけん》したことになる。

お市《いち》の娘《むすめ》たちも同様《どうよう》だが、小谷城《おだにじょう》と北ノ庄城《きたのしょうじょう》の落城《らくじょう》を記憶《きおく》にとどめている、ということでいえば、やはり長女《ちょうじょ》の茶々《ちゃちゃ》であったろう。彼女《かのじょ》はおそらく、母《はは》の美貌《びぼう》を最《もっと》も多《おお》く受《う》け継《つ》いでいたように思《おも》われる。天下《てんか》を取《と》った豊臣秀吉《とよとみひでよし》は、若《わか》い頃《ころ》から想《おも》いこがれていたお市《いち》に、想《おも》いを遂《と》

(14) 横死《おうし》…殺害《さつがい》されたり、災禍《さいか》などで、天命《てんめい》を全《まっと》うしないで死《し》ぬこと。

げることのできなかった無念《むねん》さを、茶々《ちゃちゃ》に向《む》けたのかもしれない。
秀吉《ひでよし》は茶々《ちゃちゃ》のために、山城国淀城《やましろのくによどじょう》（現《げん》・京都府京都市伏見区《きょうとふきょうとしふしみく》）を与《あた》えた。「淀殿《よどどの》」の誕生《たんじょう》である。なるほど彼女《かのじょ》は、一人《ひとり》の女性《じょせい》として美《うつく》しくはあったが、機智《きち》(15)に富《と》んでいたり、個性豊《こせいゆた》かな〝おもしろ味《み》〟があったりする女性《じょせい》ではなかったようだ。何一《なにひと》つ、その種《しゅ》の挿話《そうわ》がない。

あるいは淀殿《よどどの》は、実家《じっか》のない身《み》で、父母《ふぼ》の仇敵《きゅうてき》の側室《そくしつ》となり、二度《ど》もその子《こ》を生《う》んだことに、内心《ないしん》、忸怩《じくじ》(16)たる思《おも》いがあったのだろうか。天《てん》正《しょう》十七（一五八九）年《ねん》に一人目《ひとりめ》の鶴松《つるまつ》を生《う》んだが早世《そうせい》(17)してしまい、文禄《ぶんろく》二（一五九三）年《ねん》に秀頼《ひでより》を産《う》んでいる。

秀吉《ひでよし》は晩年《ばんねん》になって生《う》まれた秀頼《ひでより》を、天《てん》からの授《さず》かりものとして大《たい》切《せつ》に扱《あつか》い、その生母《せいぼ》である淀殿《よどどの》を、この上《うえ》なく愛《あい》した。その愛情《あいじょう》がやがて淀殿《よどどの》の使命感《しめいかん》＝子育《こそだ》てとなり、その権勢《けんせい》はついには、正室《せいしつ》の北政《きたのまん》所《どころ》＝於禰《おね》をしのぐまでとなる。

なにしろ淀殿《よどどの》は、天下一《てんかいち》の大坂城《おおさかじょう》の女主《おんなあるじ》となったのだから。

慶長《けいちょう》三（一五九八）年《ねん》八月《がつ》に秀吉《ひでよし》が没《ぼっ》すると、淀殿《よどどの》は秀頼《ひでより》の後見《こうけん》

(15)機智《きち》…その場《ば》その場《ば》に応《おう》じて活発《かっぱつ》に働《はたら》く才知《さいち》。

(16)忸怩《じくじ》…深《ふか》く恥《は》じ入《い》ること。

(17)早世《そうせい》…早《はや》く世《よ》を去《さ》ること。

として大坂城《おおさかじょう》に入《はい》った。北政所《きたのまんどころ》は淀殿《よどどの》に遠慮《えんりょ》して、城《しろ》を去《さ》って尼《あま》となり隠棲《いんせい》している。おそらく北政所《きたのまんどころ》には見《み》えていたであろう豊臣家《とよとみけ》の運命《うんめい》、落日《らくじつ》が、淀殿《よどどの》には皆目《かいもく》、理解《りかい》できなかったのではあるまいか。否《いな》、幼《おさな》い秀頼《ひでより》の行《ゆ》く末《すえ》を考《かんが》えることで、彼女《かのじょ》は精一杯《せいいっぱい》であった。

今一《いまひと》つ、淀殿《よどどの》には気鬱《きうつ》（ヒステリー）の持病《じびょう》があった、と当時《とうじ》の天下《てんか》の名医《めいい》・曲直瀬道三《まなせどうさん》は証言《しょうげん》している。(18)気昏《きくら》ませ、手足《てあし》が動《うご》かなくなり、体《からだ》が氷《こおり》のように冷《つめ》たくなった、という。秀吉《ひでよし》という最大《さいだい》の保護者《ほごしゃ》を失《うしな》った淀殿《よどどの》は、替《か》わりとなる相談相手《そうだんあいて》のいないまま、あれこれと思《おも》い悩《なや》んでも、心《こころ》から安心《あんしん》することができず、そのための発作《ほっさ》がときどき出《で》たようだ。

さらに、関ケ原《せきがはら》の合戦《かっせん》は、天下《てんか》の(19)趨勢《すうせい》を徳川家康《とくがわいえやす》に移《うつ》し、覇権《はけん》を失《うしな》った豊臣家《とよとみけ》は、摂津《せっつ》（現《げん》・大阪府北部《おおさかふほくぶ》と兵庫県南東部《ひょうごけんなんとうぶ》）・河内《かわち》（現《げん》・大阪府南東部《おおさかふなんとうぶ》）・和泉《いずみ》（現《げん》・大阪府南西部《おおさかふなんせいぶ》）の六十余万石《よまんごく》の、大坂《おおさか》城主《じょうしゅ》という一大名《だいみょう》に転落《てんらく》してしまった。

征夷大将軍《せいいたいしょうぐん》となり、江戸《えど》に幕府《ばくふ》を開《ひら》いた家康《いえやす》は、豊臣家《とよとみけ》の権威《けんい》は

(18)気昏《きくら》ませ…めまいのこと。

(19)趨勢《すうせい》…ある方向《ほうこう》へと動《うご》く勢《いきお》い。社会《しゃかい》などの、全体《ぜんたい》の流《なが》れ。

保障《ほしょう》するかわりに、一諸侯《しょこう》として臣下《しんか》の礼《れい》を取《と》ってほしい、と大坂城《おおさかじょう》に語《かた》りかけるが、淀殿《よどどの》をはじめ、なまじこの巨城《きょじょう》に暮《く》らす人々《ひとびと》には、その思《おも》いが届《とど》かなかった。あるいは、淀殿《よどどの》の恐怖心《きょうふしん》＝二度《ど》の落城《らくじょう》が、現実《げんじつ》を覆《おお》っていたのかもしれない。家康《いえやす》はわが子《こ》・秀忠《ひでただ》に将軍職《しょうぐんしょく》を譲《ゆず》ったあとも、駿河《するが》（現《げん》・静岡県中部《しずおかけんちゅうぶ》）にあって大坂《おおさか》の動静《どうせい》を見守《みまも》っていたが、ついに慶長《けいちょう》十九（一六一四）年《ねん》十月《がつ》、大坂征討《おおさかせいとう》に乗《の》り出《だ》し、冬《ふゆ》・夏《なつ》の両陣《りょうじん》によって、ついには豊臣家《とよとみけ》を滅亡《めつぼう》させてしまう。

淀殿《よどどの》と秀頼《ひでより》は、慶長《けいちょう》二十（一六一五）年《ねん》五月八日《がつようか》、大坂城内《おおさかじょうない》の山《やま》里曲輪《ざとくるわ》において、火炎《かえん》の中《なか》で自刃《じじん》して果《は》てた。淀殿《よどどの》にはおそらく、史《し》上《じょう》あり得《え》ない三度《ど》の落城《らくじょう》を経験《けいけん》している自分《じぶん》が、不思議《ふしぎ》でならなかったのではあるまいか。死《し》の直前《ちょくぜん》、ほっとしたような安《やす》らぎを、彼女《かのじょ》はかたわらの秀頼《ひでより》をながめつつ、感《かん》じていたのかもしれない。

結局《けっきょく》、三姉妹《しまい》の一番末《ばんすえ》——小谷城落城《おだにじょうらくじょう》のおりに生《う》まれた江《ごう》（小督《おごう》、お江与《えよ》）が、浅井《あざい》の血《ち》を後世《こうせい》に残《のこ》すことになる。二度再婚《どさいこん》した彼女《かのじょ》の、三度目《どめ》の夫《おっと》は、徳川家康《とくがわいえやす》の世嗣《せいし》(20)・秀忠《ひでただ》であった。

(20)世嗣《せいし》…諸侯《しょこう》の跡継《あとつ》ぎ。

このとき江《ごう》は二十三歳《さい》、秀忠《ひでただ》は十七歳《さい》であり、しかも、年下《としした》の夫《おっと》は初婚《しょこん》であった。運命《うんめい》は二転《てん》、三転《てん》し、彼女《かのじょ》は徳川幕府《とくがわばくふ》二代将軍《だいしょうぐん》の「御台所《みだいどころ》」(21)（正室《せいしつ》）という、日本第一《にほんだい》の貴婦人席《きふじんせき》に着《つ》く。

この年上《としうえ》の妻《つま》は、その後《ご》、豊臣秀頼《とよとみひでより》に嫁《とつ》ぐ千姫《せんひめ》を生《う》み、三代将軍家《だいしょうぐんいえ》光《みつ》となる竹千代《たけちよ》を生《う》んでいる。次男《じなん》で駿河大納言忠長《するがだいなごんただなが》となる国松《くにまつ》（国《くに》千代《ちよ》・門松丸《かどまつまる》）、末娘《すえむすめ》には後水尾天皇《ごみずのおてんのう》（第百八代《だいひゃくだい》）の妻《つま》となる和子《かずこ》をも儲《もう》けた（計《けい》二男《なん》五女《じょ》）。寛永《かんえい》三（一六二六）年《ねん》九月《がつ》十五日《にち》、江《ごう》は江戸城西《えどじょうにし》の丸《まる》で死去《しきょ》している。享年《きょうねん》は五十四であった。

彼女《かのじょ》は長男《ちょうなん》・家光《いえみつ》の将軍《しょうぐん》に就任《しゅうにん》した晴《は》れ姿《すがた》を拝《おが》み、末娘《すえむすめ》の和子《かずこ》が後水尾天皇《ごみずのおてんのう》の中宮《ちゅうぐう》となる慶事《けいじ》(22)も経験《けいけん》していた。栄光《えいこう》に満《み》ちた晩年《ばんねん》、といえよう。崇源院《すうげんいん》と称《しょう》し、芝《しば》の増上寺《ぞうじょうじ》（現《げん》・東京都港区《とうきょうとみなとく》）に葬《ほうむ》られている。

なお、徳川歴代将軍《とくがわれきだいしょうぐん》の御台所《みだいどころ》で、次期将軍《じきしょうぐん》を生《う》んだのは、一人江《ひとりごう》のみであった。姉《あね》の淀殿《よどどの》も含《ふく》め、そこに戦国《せんごく》を懸命《けんめい》に生《い》き抜《ぬ》いた女性《じょせい》の偉大《いだい》さを見《み》るのだが、読者諸氏《どくしゃしょし》はいかがであろうか。

(21) 御台所《みだいどころ》…将軍《しょうぐん》などの妻《つま》を敬《うやま》う呼《よ》び方《かた》。

(22) 慶事《けいじ》…結婚《けっこん》や出産《しゅっさん》などの喜《よろこ》び事《ごと》。

豆《まめ》知《ち》識《しき》①

城主《じょうしゅ》になった淀殿《よどどの》その心痛《しんつう》とは!?

戦国時代《せんごくじだい》が終《お》わって、徳川家康《とくがわいえやす》の幕藩《ばくはん》体制《たいせい》が完成《かんせい》してのち、家《いえ》の相続《そうぞく》は嫡男単《ちゃくなんたん》独相続制《どくそうぞくせい》がとられるようになった。

男子《だんし》でも次男以下《じなんいか》は、主従《しゅじゅう》ほどのへだたりを持《も》つようになり、まして女性《じょせい》は相《そう》続《ぞく》の対象外《たいしょうがい》に置《お》かれることとなる。

「女性《じょせい》は三界《さんがい》に家《いえ》なし」となり、生《う》まれては父《ちち》、嫁《とつ》いでは夫《おっと》、老《お》いては嫡男《ちゃくなん》に面《めん》倒《どう》を見《み》てもらう存在《そんざい》となった。

戦国女性《せんごくじょせい》と江戸女性《えどじょせい》――ともに武家《ぶけ》であっても、何《なに》が一番違《いちばんちが》うかといえば、戦《せん》国女性《ごくじょせい》には相続制《そうぞくせい》がいまだ存在《そんざい》し、江戸《えど》女性《じょせい》にはそれが皆無《かいむ》となった点《てん》であった。

淀殿《よどどの》は、淀城《よどじょう》（現《げん》・京都府京都市伏見《きょうとふきょうとしふしみ》区《く》）を秀吉《ひでよし》からプレゼントされて、女城《おんなじょう》主《しゅ》となってから、「淀殿《よどどの》」と呼称《こしょう》されることになったが、この時点《じてん》で彼女《かのじょ》には、直接《ちょくせつ》の家臣団《かしんだん》、知行《ちぎょう》が与《あた》えられていた。淀殿以外《よどどのいがい》にも、戦国《せんごく》の世《よ》に女城主《おんなじょうしゅ》はめずらしくはなかったのである。

また、女城主《おんなじょうしゅ》ではなくとも、城主《じょうしゅ》の妻《つま》たるものは、戦国時代《せんごくじだい》、夫《おっと》と並《なら》ぶほどの発言力《はつげんりょく》を持《も》っていた。城《しろ》を預《あず》かる立場《たちば》の妻《つま》たちは、夫《おっと》の見《み》すごしがちな細《こま》かい点《てん》まで目《め》を配《くば》り、その代理《だいり》が務《つと》まる妻《つま》は、当然《とうぜん》にいた。

逆《ぎゃく》にいえば、城代《じょうだい》が務《つと》まらない女《おんな》は、城主《じょうしゅ》の妻《つま》にはなれなかった、といった方《ほう》が正《ただ》しいかもしれない。

秀吉《ひでよし》の正室《せいしつ》・北政所《きたのまんどころ》（のちの高台《こうだい》院《いん》）、前田利家《まえだとしいえ》の正室《せいしつ》まつ（のちの芳春《ほうしゅん》院《いん》）、山内一豊《やまうちかずとよ》（かつとよ、とも）の正《せい》室《しつ》・千代《ちよ》（正《ただ》しくはまつ＝のちの見性《けんしょう》院《いん》）などは、その代表例《だいひょうれい》といえようか。

しかし、愛妾《あいしょう》として秀吉《ひでよし》のもとにあった淀殿《よどどの》には、家臣《かしん》たちをやる気《き》にさせる気配《きくば》りや、ついていこうと思《おも》わせる演出《えんしゅつ》など、世間《せけん》を生《い》きていくための力量《りきりょう》には恵《めぐ》まれなかった。大坂城《おおさかじょう》には、表《おもて》も奥《おく》も、すべてを取《と》りしきることのできる人《じん》物《ぶつ》がいなかった、ということになる。

淀殿《よどどの》は、持病《じびょう》に悩《なや》まされてもいた。彼《かの》女《じょ》を診察《しんさつ》した、日本屈指《にほんくっし》の医師《いし》・曲直瀬《まなせ》道三《どうさん》（二代《だい》。通称《つうしょう》は玄朔《げんさく》）のカルテによれば、淀殿《よどどの》は抱《かか》えきれないほどの不安《ふあん》に、日々《ひび》、圧迫《あっぱく》されており、時《とき》に気絶《きぜつ》するようなことがあったようだ。「気鬱《きうつ》」（ヒステリー）かと思《おも》われた。

彼女《かのじょ》の心痛《しんつう》のほどが、知《し》れよう。

豆知識《まめちしき》②

淀殿《よどどの》の乳母《めのと》・大蔵卿局《おおくらきょうのつぼね》その数奇《すうき》な運命《うんめい》とは!?

大坂城《おおさかじょう》には一万《まん》に近《ちか》い奥仕《おくづか》えの女性《じょせい》がいたといわれる。豊臣秀吉《とよとみひでよし》の生前《せいぜん》は、この膨大《ぼうだい》な女《おんな》たちを北政所《きたのまんどころ》と奥女中筆頭《おくじょちゅうひっとう》の孝蔵主《こうぞうす》がうまく束《たば》ねていたのだが、慶長《けいちょう》三（一五九八）年《ねん》に秀吉《ひでよし》が他界《たかい》したあと、二人《ふたり》は城《しろ》を出《で》、采配《さいはい》はひとえに淀殿《よどどの》にゆだねられた。が、姫様育《ひめさまそだ》ちの淀殿《よどどの》にそのようなことができるはずもない。

彼女《かのじょ》に代《か》わって多数《たすう》の女性《じょせい》を指揮《しき》したのが淀殿《よどどの》の乳母《めのと》・大蔵卿局《おおくらきょうのつぼね》であった。局《つぼね》は奥女中筆頭《おくじょちゅうひっとう》となり、女《おんな》たちを統率《とうそつ》するとともに徳川方《とくがわがた》との交渉《こうしょう》にあたった。

慶長《けいちょう》十九（一六一四）年春《ねんはる》、京都《きょうと》東山《ひがしやま》方広寺《ほうこうじ》の大仏殿《だいぶつでん》が完成《かんせい》した直後《ちょくご》、徳川方《とくがわがた》から鐘銘《しょうめい》の中《なか》に当方《とうほう》を呪詛《じゅそ》するごとき不《ふ》穏《おん》な文字《もじ》が見《み》られると横槍《よこやり》が入《はい》った。

これを聞《き》いた豊臣家《とよとみけ》では、急《いそ》ぎ普請奉《ふしんぶ》行《ぎょう》・片桐且元《かたぎりかつもと》を駿府《すんぷ》（現《げん》・静岡県静岡《しずおかけんしずおか》市《し》）に向《む》かわせ、それだけでは心《こころ》もとないと思《おも》ったのか、十日《とおか》ばかりののちに大《おお》蔵卿局《くらきょうのつぼね》を淀殿《よどどの》の使者《ししゃ》として下向《げこう》させた。

大蔵卿局《おおくらきょうのつぼね》は家康《いえやす》と対面《たいめん》、女性《じょせい》ならではの外交辞令《がいこうじれい》を駆使《くし》して暗《あん》に家康《いえやす》を非難《ひなん》した。これにはさしもの家康《いえやす》も応《こた》えたのか、別段大事《べつだんだいじ》になるようなことは口《くち》にせず、理解《りかい》ある態度《たいど》を示《しめ》した。

ところが、二代将軍《だいしょうぐん》・秀忠《ひでただ》は、徳川家《とくがわけ》に対《たい》する服従《ふくじゅう》の具体的条件《ぐたいてきじょうけん》を求《もと》めてきた。暗《あん》に大坂城《おおさかじょう》の防禦施設《ぼうぎょしせつ》の撤去《てっきょ》を強《し》いたのである。できぬ相談《そうだん》に、大蔵卿局《おおくらきょうのつぼね》たちは大坂《おおさか》に帰城《きじょう》。その後《ご》、大坂冬《おおさかふゆ》の陣《じん》の幕《まく》が開《あ》く。

家康《いえやす》は開戦《かいせん》と同時《どうじ》に、講和条約《こうわじょうやく》の交渉《こうしょう》を開始《かいし》。が、この折《おり》の豊臣方代表《とよとみがただいひょう》は大蔵《おおくら》卿局《きょうのつぼね》ではなく、淀殿《よどどの》の妹《いもうと》・秀忠夫人《ひでただふじん》（江《ごう》）の姉《あね》でもある常高院《じょうこういん》（初《はつ》）であった。彼女《かのじょ》は、内外《ないがい》の堀《ほり》を埋《う》めることを了《りょう》承《しょう》して講和《こうわ》を結《むす》んでしまう。

家康《いえやす》の思《おも》うつぼであった。その落《お》とし穴《あな》に気《き》がついたとき、すでに大坂城《おおさかじょう》は夏《なつ》の陣《じん》への道《みち》をひた走《はし》っていた。もし、大《おお》蔵卿局《くらきょうのつぼね》が——とは思《おも》うが、有名無実《ゆうめいむじつ》の豊《とよ》臣家《とみけ》であれば、誰《だれ》が交渉《こうしょう》にあたっても、やはり同《おな》じ結末《けつまつ》であったろう。

慶長《けいちょう》二十（一六一五）年《ねん》五月八日《がつようか》、大《おお》蔵卿局《くらきょうのつぼね》は小谷城《おだにじょう》、北《きた》ノ《の》庄城《しょうじょう》に次《つ》いで三度《ど》目《め》の落城《らくじょう》を主君《しゅくん》・淀殿《よどどの》とともに経験《けいけん》することになった。彼女《かのじょ》は淀殿《よどどの》に殉《じゅん》じてこの世《よ》を去《さ》っている。享年《きょうねん》は詳《つまび》らかではない。

豆知識《まめちしき》③

大坂落城《おおさからくじょう》の顚末《てんまつ》を語《かた》り残《のこ》した女性《じょせい》がいた!?

安土《あづち》・桃山時代《ももやまじだい》から江戸時代前期《えどじだいぜんき》を生《い》きたおきく（菊女《きくじょ》）は、備前国《びぜんのくに》（現《げん》・岡《おか》山県南東部《やまけんなんとうぶ》）岡山藩《おかやまはん》の藩医《はんい》・田中意徳《たなかおきのり》の祖母《そぼ》であった。彼女《かのじょ》が孫《まご》の意徳《おきのり》を相手《あいて》に、自《みずか》らの若《わか》き日々《ひび》を回想《かいそう》したであろう話《はなし》が、『おきく物語《ものがたり》』である。

合戦《かっせん》を知《し》らない江戸時代《えどじだい》の人々《ひとびと》に、長《なが》く読《よ》み継《つ》がれていった。

彼女《かのじょ》の父《ちち》・山口茂左衛門《やまぐちもざえもん》は、近江国《おうみのくに》（現《げん》・滋賀県《しがけん》）の戦国大名《せんごくだいみょう》・浅井長政《あざいながまさ》に仕《つか》えた。が、浅井氏《あざいし》は織田信長《おだのぶなが》の攻撃《こうげき》で滅亡《めつぼう》。茂左衛門《もざえもん》は、同《おな》じく近江出身《おうみしゅっしん》でのちに豊臣秀吉《とよとみひでよし》に仕《つか》えた藤堂高虎《とうどうたかとら》のもとに身《み》を寄《よ》せ、おきくは縁《えん》を頼《たよ》って諸国《しょこく》を流《る》浪《ろう》し、ようやく大坂城《おおさかじょう》の淀殿《よどどの》に仕《つか》えた。

大坂落城《おおさからくじょう》の日《ひ》、戦《いくさ》に直接《ちょくせつ》かかわらないおきくたち女中《じょちゅう》は、絶望的《ぜつぼうてき》な戦況《せんきょう》など知《し》りもせず、のんびりしたものだった。そば焼《や》きが食《た》べたいなどと、その準備《じゅんび》を命《めい》じたりしている。

だが、城《しろ》の東南《とうなん》・玉造口《たまつくりぐち》が炎上《えんじょう》。火炎《かえん》は急速《きゅうそく》に城《しろ》に迫《せま》った。もはやおやつどころではない。おきくは見栄《みえ》や外聞《がいぶん》を捨《す》て、着物《きもの》を三枚《まい》も重《かさ》ね着《ぎ》、帯《おび》も重《かさ》ねて締《し》めまわし、豊臣秀頼《とよとみひでより》からもらった鏡《かがみ》を懐《ふところ》に入《い》れて、竹流《たけなが》し（竹《たけ》の筒《つつ》に金銀《きんぎん》を流《なが》し込《こ》んで鋳《い》がためたもの）を少々《しょうしょう》持《も》ち、大《おお》急《いそ》ぎで台所《だいどころ》から外《そと》へ出《で》た。

徳川方《とくがわがた》の侍《さむらい》や落武者《おちむしゃ》に生命《いのち》を狙《ねら》われるが、そのたびに用意《ようい》した竹流《たけなが》しを渡《わた》し、生命《いのち》請《ご》いをして免《まぬか》れている。

途中《とちゅう》、要光院《ようこういん》・初《はつ》（正《ただ》しくは淀殿《よどどの》の妹《いもうと》・常高院《じょうこういん》。京極高次《きょうごくたかつぐ》の妻《つま》）の一行《いっこう》へ行《い》きあわせたのが幸《さいわ》いであった。

「常高院《じょうこういん》は徳川秀忠《とくがわひでただ》の妻《つま》お江《ごう》の方《かた》・崇源《すうげん》院《いん》の姉《あね》でもある」

咄嗟《とっさ》に考《かんが》え、この一行《いっこう》について戦場《せんじょう》を無事《ぶじ》、脱出《だっしゅつ》している。

その後《ご》、おきくは亡《な》き秀吉《ひでよし》の側室《そくしつ》・松《まつ》の丸殿《まるどの》（京極高次《きょうごくたかつぐ》の妹《いもうと》）を頼《たよ》って、織田《おだ》左門《さもん》（頼長《よりなが》。信長《のぶなが》の弟《おとうと》・有楽斎長益《うらくさいながます》の次《じ》男《なん》）の姪《めい》とともに京都《きょうと》へ出《で》た。松《まつ》の丸殿《まるどの》は旧家臣《きゅうかしん》の娘《むすめ》であるおきくを温《あたた》かく迎《むか》えたので、しばらく長閑《のどか》な時《とき》を過《す》ごし、のち、田中意徳《たなかおきのり》の祖父《そふ》に嫁《よめ》入《い》りし、備前《びぜん》に下《くだ》ってその生涯《しょうがい》を終《お》えた。

大坂落城《おおさからくじょう》の折《おり》、二十歳《はたち》であったおきくは、延宝《えんぽう》七（一六七九）年《ねん》、八十四歳《さい》でその波乱《はらん》にとんだ生涯《しょうがい》を閉《と》じている。

年表《ねんぴょう》

永禄《えいろく》十二（1569）年《ねん》

この年《とし》、浅井茶々《あざいちゃちゃ》（のちの淀殿《よどどの》）、北近江《きたおうみ》（現《げん》・滋賀県《しがけん》北部《ほくぶ》）の戦国大名《せんごくだいみょう》・浅井長政《あざいながまさ》の長女《ちょうじょ》として、近江国小谷《おうみのくにおだに》（現《げん》・滋賀県長浜市《しがけんながはまし》）に生《う》まれる。母《はは》は、尾張国《おわりのくに》（現《げん》・愛知県西部《あいちけんせいぶ》）の大名《だいみょう》・織田信長《おだのぶなが》の妹《いもうと》・市《いち》（小谷《おだに》の方《かた》）。

永禄《えいろく》十三（1570）年《ねん》
※四月《がつ》二十三日《にち》、元亀《げんき》へ改元《かいげん》。

六月《がつ》二十八日《にち》、朝倉《あさくら》・浅井連合軍《あざいれんごうぐん》、姉川《あねがわ》（現《げん》・滋賀県《しがけん》長浜市《ながはまし》）で織田《おだ》・徳川連合軍《とくがわれんごうぐん》と戦《たたか》い、敗《やぶ》れる。
この年《とし》、茶々《ちゃちゃ》の妹《いもうと》で浅井長政《あざいながまさ》の次女《じじょ》・初《はつ》（のちの常高院《じょうこういん》）が生《う》まれる。

天正元《てんしょうがん》（1573）年《ねん》

八月《がつ》、信長《のぶなが》、朝倉《あさくら》・浅井征討《あざいせいとう》のために出陣《しゅつじん》し、浅井《あざい》の本拠《ほんきょ》・小谷城《おだにじょう》を包囲《ほうい》。その後《ご》、越前国《えちぜんのくに》（現《げん》・福井県北部《ふくいけんほくぶ》）の朝倉義景《あさくらよしかげ》を攻《せ》め滅《ほろ》ぼし、近江《おうみ》にとって返《かえ》して小谷城《おだにじょう》の浅井長政《あざいながまさ》を攻《せ》める。
同月《どうげつ》二十八日《にち》、茶々《ちゃちゃ》の父《ちち》・長政《ながまさ》、自刃《じじん》。享年《きょうねん》、二十九。小谷城《おだにじょう》、落城《らくじょう》する。落城前《らくじょうまえ》に茶々《ちゃちゃ》の母《はは》・市《いち》とその娘《むすめ》三人《にん》（茶々《ちゃちゃ》・初《はつ》・江《ごう》）は織田方《おだがた》の手《て》によって救出《きゅうしゅつ》される。茶々《ちゃちゃ》の妹《いもうと》で長政《ながまさ》の三女《じょ》・江《ごう》（のちの崇源院《すうげんいん》）は、この年《とし》に生《う》まれていた。
その後《ご》、長政《ながまさ》の嫡男《ちゃくなん》・万福丸《まんぷくまる》は美濃国関ケ原《みののくにせきがはら》（現《げん》・岐阜県不破郡関ケ原町《ぎふけんふわぐんせきがはらちょう》）にて処刑《しょけい》される。享年《きょうねん》は不詳《ふしょう》。
この年《とし》、市《いち》とその娘《むすめ》三人《にん》は、美濃国岐阜城《みののくにぎふじょう》（現《げん》・岐阜県岐阜市《ぎふけんぎふし》）、尾張国清洲《おわりのくにきよす》（清須《きよす》）城《じょう》（現《げん》・愛知県清須市《あいちけんきよすし》）に赴《おもむ》いたという。

天正二《てんしょう》（1574）年《ねん》

この年《とし》より、市《いち》とその娘《むすめ》三人《にん》、信長《のぶなが》の弟《おとうと》・織田信包《おだのぶかね》を頼《たよ》って伊勢国上野城《いせのくにうえのじょう》（現《げん》・三重県津市《みえけんつし》）に身《み》を寄《よ》せる。

天正十《てんしょう》（1582）年《ねん》

六月二日《がつふつか》、明智光秀《あけちみつひで》、主君《しゅくん》・信長《のぶなが》を京都本能寺《きょうとほんのうじ》に攻《せ》め、自害《じがい》させる（本能寺《ほんのうじ》の変《へん》）。信長《のぶなが》の享年《きょうねん》、四十九。
同日《どうじつ》、二条御所《にじょうごしょ》にて信長《のぶなが》の嫡男《ちゃくなん》・信忠《のぶただ》も自刃《じじん》。享年《きょうねん》、二十六。
同月《どうげつ》十三日《にち》、羽柴秀吉《はしばひでよし》、山崎《やまざき》の合戦《かっせん》で明智光秀《あけちみつひで》を破《やぶ》る。光秀《みつひで》、逃亡中《とうぼうちゅう》に山科《やましな》（現《げん》・京都府京都市山科区《きょうとふきょうとしやましなく》）で殺害《さつがい》される。享年《きょうねん》は五十五（五十七、六十七とも）。
同月《どうげつ》二十七日《にち》、清洲城《きよすじょう》で織田家《おだけ》後継問題《こうけいもんだい》を決定《けってい》する会《かい》議《ぎ》が開《ひら》かれ、秀吉《ひでよし》の主導《しゅどう》により、信忠《のぶただ》の嫡男《ちゃくなん》（信長《のぶなが》の

天正《てんしょう》十一（1583）年《ねん》

嫡孫《ちゃくそん》）の三法師《さんぼうし》（のちの織田秀信《おだひでのぶ》）が後継者《こうけいしゃ》と定《さだ》められる（清洲会議《きよすかいぎ》）。

この年《とし》、茶々《ちゃちゃ》の母《はは》・市《いち》が織田家筆頭家老《おだけひっとうがろう》であった柴田勝家《しばたかついえ》と再婚《さいこん》し、市《いち》とその娘《むすめ》三人《にん》は勝家《かついえ》の居城《きょじょう》・越前国北ノ庄城《えちぜんのくにきたのしょうじょう》（現《げん》・福井県福井市《ふくいけんふくいし》）に移《うつ》る。

四月《がつ》二十一日《にち》、秀吉《ひでよし》と柴田勝家《しばたかついえ》、近江国賤ケ岳《おうみのくにしずがたけ》（現《げん》・滋賀県長浜市《しがけんながはまし》）にて戦《たたか》う。勝家方《かついえがた》は総崩《そうくず》れとなり敗走《はいそう》。

同月《どうげつ》二十三日《にち》、秀吉《ひでよし》、勝家《かついえ》を追撃《ついげき》して北ノ庄城《きたのしょうじょう》を攻《せ》める。

同月二十四日《どうげつにじゅうよっか》、勝家《かついえ》は城《しろ》に火《ひ》を放《はな》ち、妻《つま》の市《いち》とともに自害《じがい》。勝家《かついえ》の享年《きょうねん》は六十二と伝《つた》わり、市《いち》は享年《きょうねん》、三十七。落城《らくじょう》の折《おり》、市《いち》の娘《むすめ》三人《にん》は城外《じょうがい》に出《だ》され、秀吉《ひでよし》に保護《ほご》されたという（その後《ご》、安土城《あづちじょう》に移《うつ》る）。

天正《てんしょう》十三（1585）年《ねん》

七月《がつ》、秀吉《ひでよし》、従一位《じゅいちい》・関白《かんぱく》に任《にん》ぜられる。

天正《てんしょう》十四（1586）年《ねん》

九月《がつ》、秀吉《ひでよし》、豊臣姓《とよとみせい》を賜《たま》わる。

十二月《がつ》、秀吉《ひでよし》、太政大臣《だいじょうだいじん》に任《にん》ぜられる。

天正《てんしょう》十五（1587）年《ねん》

五月《がつ》、秀吉《ひでよし》、九州《きゅうしゅう》を平定《へいてい》する。

九月《がつ》、秀吉《ひでよし》、聚楽第《じゅらくてい》（じゅらくだい、とも）に移《うつ》る。

天正《てんしょう》十六（1588）年《ねん》

この頃《ころ》、茶々《ちゃちゃ》、秀吉《ひでよし》の側室《そくしつ》となる。

天正《てんしょう》十七（1589）年《ねん》

正月《しょうがつ》（三月《がつ》とも）、秀吉《ひでよし》、わが子《こ》を懐妊《かいにん》した茶々《ちゃちゃ》のため、山城国淀城《やましろのくによどじょう》（現《げん》・京都府京都市伏見区《きょうとふきょうとしふしみく》）の築城《ちくじょう》を始《はじ》める（淀古城《よどこじょう》）。以降《いこう》、茶々《ちゃちゃ》は淀殿《よどどの》と通称《つうしょう》される。

五月《がつ》二十七日《にち》、秀吉《ひでよし》と淀殿《よどどの》の第《だい》一子《し》・鶴松《つるまつ》、淀城《よどじょう》に生《う》まれる。

八月《がつ》二十三日《にち》、淀殿《よどどの》、鶴松《つるまつ》と大坂城《おおさかじょう》に入城《にゅうじょう》する。

天正《てんしょう》十八（1590）年《ねん》

二月《がつ》十三日《にち》、淀殿《よどどの》、上洛《じょうらく》して聚楽第《じゅらくてい》に入《はい》る。

三月《がつ》、秀吉《ひでよし》、小田原征討《おだわらせいとう》のため京都《きょうと》を出発《しゅっぱつ》。

五月《がつ》、淀殿《よどどの》、秀吉《ひでよし》の召《め》しにより、京都《きょうと》を出発《しゅっぱつ》。

七月《がつ》、秀吉《ひでよし》、北条氏《ほうじょうし》を降伏《こうふく》させる。

同月《どうげつ》十五日《にち》、淀殿《よどどの》、小田原《おだわら》を出発《しゅっぱつ》し上方《かみがた》へ向《む》かう。

九月《がつ》、秀吉《ひでよし》、関東《かんとう》・奥州仕《おうしゅうし》置《お》きを終《お》え、京都《きょうと》に凱旋《がいせん》する。

天正《てんしょう》十九（1591）年《ねん》

八月五日《がついつか》、鶴松《つるまつ》、病《やまい》にて死去《しきょ》。享年《きょうねん》三歳《さい》。

十二月《がつ》二十八日《にち》、羽柴秀次《はしばひでつぐ》に関白宣下《かんぱくせんげ》が下《くだ》り、豊臣秀《とよとみひで》次《つぎ》となる。秀吉《ひでよし》、太閤《たいこう》となる。

天正《てんしょう》二十（1592）年《ねん》
※十二月八日《がつようか》、文禄《ぶんろく》へ改元《かいげん》。

五月《がつ》、秀吉《ひでよし》、肥前名護屋城《ひぜんなごやじょう》（現《げん》・佐賀県唐津市《さがけんからつし》）に入《はい》り、朝鮮出兵《ちょうせんしゅっぺい》が開始《かいし》される（文禄《ぶんろく》の役《えき》）。

文禄《ぶんろく》二（1593）年《ねん》

八月《がつ》、淀殿《よどどの》、秀吉《ひでよし》の世嗣《せいし》・秀頼《ひでより》を生《う》む。幼名《ようみょう》は拾《ひろい》。

文禄《ぶんろく》三（1594）年《ねん》

五月《がつ》、淀殿《よどどの》、父《ちち》・浅井長政《あざいながまさ》の二十一回忌法要《かいきほうよう》にあわせ、秀吉《ひでよし》の許可《きょか》を得《え》て、追善供養《ついぜんくよう》の寺《てら》・養源院《ようげんいん》（現《げん》・京都府《きょうとふ》京都市東山区《きょうとしひがしやまく》）を創建《そうけん》する。
十一月《がつ》、淀殿《よどどの》と秀頼《ひでより》、山城国伏見城《やましろのくにふしみじょう》（現《げん》・京都府京都《きょうとふきょうと》市伏見区《しふしみく》）に移《うつ》る。

文禄《ぶんろく》四（1595）年《ねん》

七月八日《がつようか》、秀次《ひでつぐ》、高野山《こうやさん》へ追放《ついほう》となる。
七月《がつ》十五日《にち》、秀次《ひでつぐ》、切腹《せっぷく》。享年《きょうねん》、二十八。

慶長元《けいちょうがん》（1596）年《ねん》

九月《がつ》、秀吉《ひでよし》、朝鮮再出兵《ちょうせんさいしゅっぺい》を決意《けつい》する（慶長《けいちょう》の役《えき》）。

慶長《けいちょう》三（1598）年《ねん》

三月《がつ》、秀吉《ひでよし》、京都《きょうと》の醍醐寺《だいごじ》にて花見《はなみ》を行《おこな》う。この花見《はなみ》において、淀殿《よどどの》と京極高次《きょうごくたかつぐ》の妹《いもうと》で秀吉《ひでよし》の側室《そくしつ》・龍子《たつこ》（松《まつ》の丸殿《まるどの》）、正室《せいしつ》である北政所《きたのまんどころ》の次《つぎ》に杯《さかずき》を受《う》ける順番《じゅんばん》を争《あらそ》ったとされる。
八月《がつ》十八日《にち》、伏見城《ふしみじょう》で秀吉《ひでよし》が死去《しきょ》。享年《きょうねん》、六十二（異《い》説《せつ》あり）。

慶長四《けいちょう》（1599）年《ねん》

正月《しょうがつ》、秀頼《ひでより》、大坂城《おおさかじょう》へ移《うつ》る。
九月《がつ》二十六日《にち》、北政所《きたのまんどころ》が京都《きょうと》へ移《うつ》り、代《か》わって家康《いえやす》が大《おお》坂城西《さかじょうにし》の丸《まる》に入《はい》る。
閏三月《うるうがつ》、秀頼《ひでより》の守役《もりやく》・前田利家《まえだとしいえ》、大坂《おおさか》の屋敷《やしき》で死去《しきょ》。
享年《きょうねん》、六十二。

慶長五《けいちょう》（1600）年《ねん》

九月十四日《がつじゅうよっか》、淀殿《よどどの》、近江国大津城《おうみのくにおおつじょう》（現《げん》・滋賀県大津市《しがけんおおつし》）の戦《たたか》いに接《せっ》し、北政所《きたのまんどころ》と連携《れんけい》して大津城《おおつじょう》に使者《ししゃ》を送《おく》り、籠城《ろうじょう》する京極高次《きょうごくたかつぐ》（東軍側《とうぐんがわ》）と、石田方《いしだがた》（西軍側《せいぐんがわ》）の間《あいだ》に和議《わぎ》を結《むす》ばせ、松《まつ》の丸殿《まるどの》を救《すく》った。
同月《どうげつ》十五日《にち》、美濃国関ケ原《みののくにせきがはら》で徳川家康《とくがわいえやす》の率《ひき》いる東軍《とうぐん》が、石田三成《いしだみつなり》の率《ひき》いる西軍《せいぐん》を破《やぶ》る。
十月一日《がつついたち》、石田三成《いしだみつなり》、京都六条河原《きょうとろくじょうがわら》において処刑《しょけい》される。享年《きょうねん》、四十一。

慶長《けいちょう》八（１６０３）年《ねん》	二月《がつ》十二日《にち》、家康《いえやす》、征夷大将軍《せいいたいしょうぐん》に任《にん》ぜられる。 七月《がつ》、徳川秀忠《とくがわひでただ》と江《ごう》の長女《ちょうじょ》・千姫《せんひめ》、秀頼《ひでより》に嫁《とつ》ぐ。
慶長《けいちょう》九（１６０４）年《ねん》	六月《がつ》、淀殿《よどどの》の養女《ようじょ》・完子《さだこ》（豊臣秀勝《とよとみひでかつ》と淀殿《よどどの》の妹《いもうと》・江《ごう》の娘《むすめ》）、のちの関白《かんぱく》・九条忠栄《くじょうただひで》（幸家《ゆきいえ》）に嫁《とつ》ぐ。
慶長《けいちょう》十（１６０５）年《ねん》	四月《がつ》、家康《いえやす》、将軍職《しょうぐんしょく》を三男《なん》・秀忠《ひでただ》に譲《ゆず》る。 五月《がつ》、淀殿《よどどの》ら、家康《いえやす》による秀頼《ひでより》の上洛要請《じょうらくようせい》を拒否《きょひ》する。
慶長《けいちょう》十二（１６０７）年《ねん》	七月《がつ》、家康《いえやす》、駿河国駿府城《するがのくにすんぷじょう》（現《げん》・静岡県静岡市《しずおかけんしずおかし》）を隠《いん》居地《きょち》と定《さだ》め、大御所《おおごしょ》と称《しょう》される。
慶長《けいちょう》十三（１６０８）年《ねん》	この年《とし》、秀頼《ひでより》の長男《ちょうなん》・国松《くにまつ》が生《う》まれる。
慶長《けいちょう》十四（１６０９）年《ねん》	この年《とし》、秀頼《ひでより》の長女《ちょうじょ》（名《な》は不詳《ふしょう》、のちの天秀尼《てんしゅうに》）が生《う》まれる。
慶長《けいちょう》十六（１６１１）年《ねん》	三月《がつ》、秀頼《ひでより》、加藤清正《かとうきよまさ》・浅野幸長《あさのよしなが》らの手引《てび》きで、二条《にじょう》城《じょう》にて家康《いえやす》と会見《かいけん》をする。

慶長《けいちょう》十九（1614）年《ねん》

七月《がつ》二十六日《にち》、方広寺鐘銘事件《ほうこうじしょうめいじけん》が起《お》きる。
八月《がつ》十九日《にち》、家康《いえやす》、片桐且元《かたぎりかつもと》を駿府《すんぷ》に召《め》し、秀頼《ひでより》の移《い》封《ほう》を迫《せま》る。且元《かつもと》、交渉《こうしょう》に失敗《しっぱい》。
八月《がつ》二十九日《にち》、淀殿《よどどの》の命《めい》を受《う》けた淀殿《よどどの》の乳母《うば》・大蔵卿局《おおくらきょうのつぼね》らが追《お》って駿府《すんぷ》に着《つ》く。
十月《がつ》、且元《かつもと》が大坂城《おおさかじょう》を退去《たいきょ》し、豊臣家《とよとみけ》は開戦《かいせん》を決定《けってい》。
家康《いえやす》、諸大名《しょだいみょう》に出陣《しゅつじん》を命《めい》じる。
十一月《がつ》十九日《にち》、大坂冬《おおさかふゆ》の陣《じん》が勃発《ぼっぱつ》。
十二月《がつ》十五日《にち》、大坂方《おおさかがた》の部将《ぶしょう》・大野治長《おおのはるなが》および織田有《おだう》楽斎《らくさい》（長益《ながます》）から講和条件《こうわじょうけん》が提示《ていじ》される。
同月《どうげつ》二十日《はつか》、両軍《りょうぐん》の和議《わぎ》が成立《せいりつ》。

慶長《けいちょう》二十（1615）年《ねん》

※七月《がつ》十三日《にち》、元和《げんな》へ改元《かいげん》。

正月《しょうがつ》、家康《いえやす》、大坂方《おおさかがた》の抗議《こうぎ》を無視《むし》し、大坂城内堀《おおさかじょううちぼり》の埋《うめ》立《た》てを強行《きょうこう》する。
三月《がつ》、大坂方《おおさかがた》、再戦《さいせん》の準備《じゅんび》をはじめる。
同月《どうげつ》二十五日《にち》、大坂夏《おおさかなつ》の陣《じん》が勃発《ぼっぱつ》。
五月七日《がつなのか》、大坂城《おおさかじょう》が落城《らくじょう》。
同月八日《どうげつようか》、秀頼《ひでより》と淀殿《よどどの》が自害《じがい》、豊臣家《とよとみけ》が滅亡《めつぼう》する。秀《ひで》頼《より》の享年《きょうねん》は二十三、淀殿《よどどの》は四十九（諸説《しょせつ》あり）。

参考文献《さんこうぶんけん》

加来耕三の戦国武将ここ一番の決断 歴史に学ぶ、ビジネス社会の教訓集　加来耕三著　滋慶出版／つちや書店
異なるリーダーの生き方に学ぶ　織田信長・明智光秀事典　加来耕三著　東京堂出版
徳川三代記　加来耕三著　ポプラ社
将帥学―信長・秀吉・家康に学ぶ人を使う極意　加来耕三著　時事通信社
現代語訳　武功夜話〈信長編〉　加来耕三訳　新人物往来社
現代語訳　武功夜話〈秀吉編〉　加来耕三訳　新人物往来社
現代語訳　名将言行録〈軍師編〉　加来耕三編訳　新人物往来社
現代語訳　名将言行録〈智将編〉　加来耕三編訳　新人物往来社
人物文庫　関ヶ原大戦　加来耕三著　学陽書房
人物文庫　戦国軍師列伝　加来耕三著　学陽書房
講談社文庫　信長の謎〈徹底検証〉　加来耕三著　講談社
ちくま文庫　戦国美女は幸せだったか　加来耕三著　筑摩書房
豊臣秀吉大事典　加来耕三／監修　新人物往来社

著者略歴

加来耕三：企画・構成・監修

歴史家・作家。1958年、大阪府大阪市生まれ。1981年、奈良大学文学部史学科卒業。主な著書に、『卑弥呼のサラダ 水戸黄門のラーメン 「食」から読みとく日本史』『財閥を築いた男たち』『徳川三代記』『ifの日本史「もしも」で見えてくる、歴史の可能性』（すべてポプラ社）、『歴史に学ぶ自己再生の理論』（論創社）、『うわさの日本史』（日本放送出版協会）、『誰が、なぜ？　加来耕三のまさかの日本史』（さくら舎）など多数あるほか、「コミック版 日本の歴史シリーズ」（ポプラ社）の企画・構成・監修やテレビ・ラジオ番組の監修・出演も行う。

静霞 薫：原作

小説家・評論家・漫画原作者。現在は、滋慶学園グループ名誉教育顧問として、大阪コミュニケーションアート専門学校・東京コミュニケーションアート専門学校・名古屋コミュニケーションアート専門学校・福岡デザインコミュニケーション専門学校・仙台コミュニケーションアート専門学校などで、マンガ科・コミックイラスト科・ライトノベル科の学生指導にあたっている。主な作品に、『るろうに剣心 ～明治剣客浪漫譚～　巻之一』『同・巻之二』（共著・集英社）、『劇画 坂本龍馬の一生』（脚本・新人物往来社）などがある。

瀧 玲子：作画

少女誌でデビュー後、大阪コミュニケーションアート専門学校で講師を十数年つとめ、現在は名古屋コミュニケーションアート専門学校で講師として在籍。主な作品に、『戦国人物伝 伊達政宗』『戦国人物伝 宮本武蔵』『戦国人物伝 豊臣秀吉』『幕末・維新人物伝 吉田松陰と高杉晋作』『源平武将伝 源義経』『戦国人物伝 細川ガラシャ』『幕末・維新人物伝 土方歳三』『戦国人物伝 竹中半兵衛』『戦国人物伝 高山右近』（すべてポプラ社「コミック版 日本の歴史シリーズ」）がある。

コミック版 日本の歴史52
戦国人物伝
淀殿

2016年7月　第1刷
2023年5月　第9刷

企画・構成・監修　加来耕三《かくこうぞう》
原　　作　静霞 薫《しずか かおる》
作　　画　瀧 玲子《たき れいこ》

カバーデザイン　竹内亮輔＋梅田裕一〔crazy force〕

発行者　千葉 均
編　集　大塚訓章
発行所　株式会社ポプラ社
〒102-8519　東京都千代田区麹町4-2-6
URL　www.poplar.co.jp
印刷所　今井印刷株式会社
製本所　島田製本株式会社
電植製版　株式会社オノ・エーワン

ISBN978-4-591-15076-4 N.D.C.289 127p 22cm　Printed in Japan

P7047052

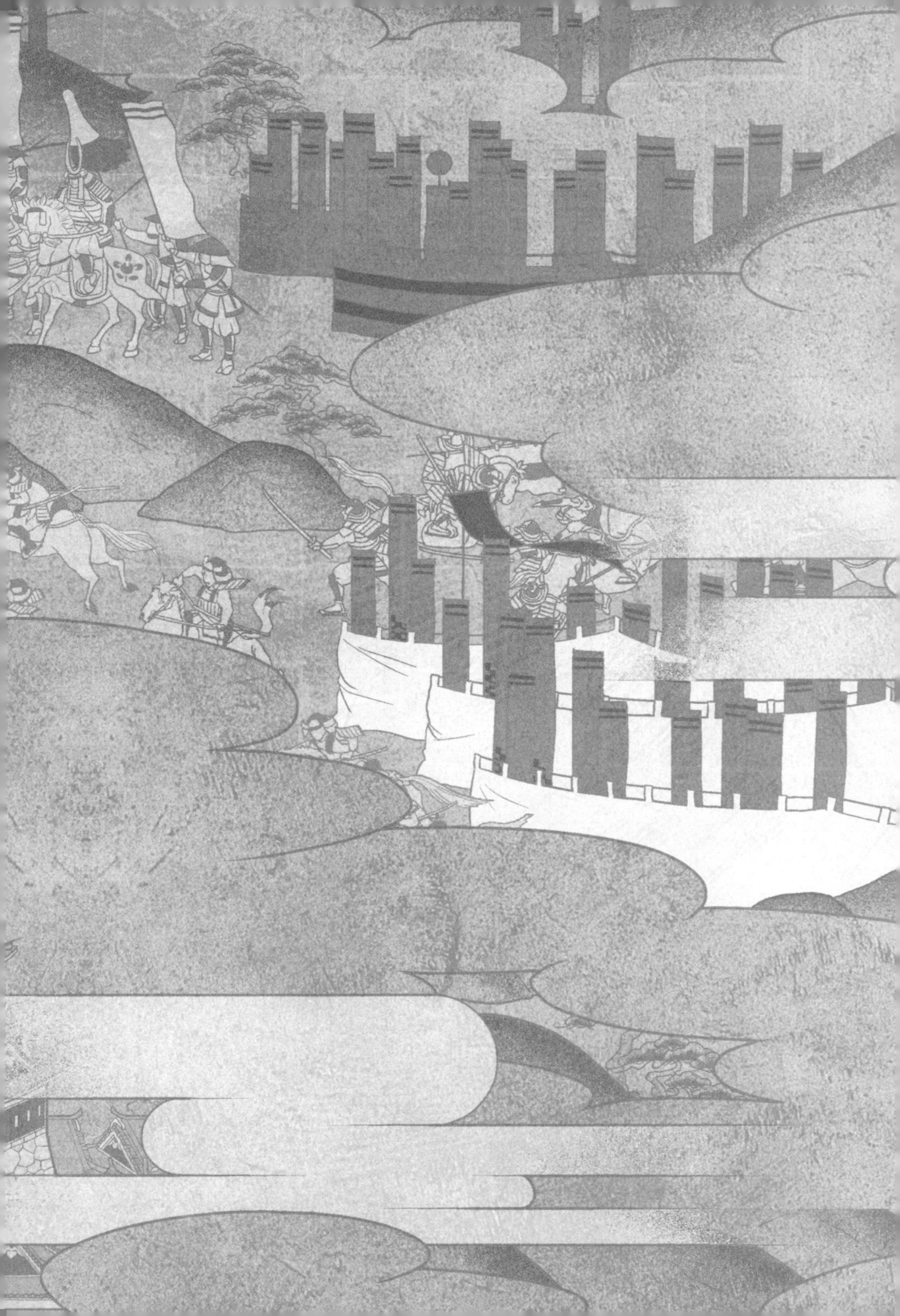